這樣問話，教出會思考的孩子。

每次對話，都是思考力的鍛鍊，培養孩子受用一輩子的能力！

狩野未希──著
卓惠娟──譯

目錄

PART 2 親子互動這樣聊！比讚美更重要的11個「對話習慣」

PART 3

親子互動這樣聊！比讚美更重要的11個「對話習慣」

PART 4

將責罵改成「提問」，讓孩子自己找出解決方法

PART 5

這樣提問，讓孩子自己找到解決方法

PART 6

這樣提問，讓孩子自己找到解決方法

推薦序 我思，故一生都在

為 狩野未希《這樣問話，教出會思考的孩子》（采實文化，2017.7）作一序 張輝誠

在推廣學思達教學（課堂上著重訓練學生自學、思考、表達能力的教學方法）的演講場合中，我經常會被家長們問到類似的問題：「張老師，我要怎樣才能在家裡訓練小孩自學、思考和表達能力？」

這個問題很難回答，因為一言難盡，而我試著用最簡單的回答是：**「不要直接告訴小孩答案，而是不斷用各種問答題反問小孩，然後傾聽孩子的看法，有必要時就和小孩一起動**

腦、甚至動手（查書、查網路），尋找答案。」——話雖如此，但真正操作起來，可以從很單純、很簡單，一直進展到非常複雜、極度專業、專精的境域。

台灣的家長們為甚麼這樣焦慮我們的下一代：不會思考？

我的看法是，台灣的家長和老師們大多習慣於輕易單方面、快速而直截地把答案告訴小孩，將知識灌給小孩，小孩的好奇心很快得到滿足，久而久之，便容易失去探索的習慣、追根究柢的精神、失去了眾裡尋它千百度、驀然回首、知識卻在燈火闌珊處的迂迴曲折、終至豁然開朗的喜悅、甚至失去了犯錯的機會、克服、超越知識艱難的滿足與成就感。

一旦我們把知識的答案，直截而快速地提供給小孩，小孩很容易使只剩下「理解知識」的能力，**再加上學校的評量方式大多不能參看任何書籍，於是我們的小孩又變成只著重在「記憶力」的鍛鍊**。時間一久，小孩的思考力逐漸弱化，等到有一天，他們對於知識的灌輸感到飽足、對知識失去吸收的耐性，甚至對知識的被迫灌輸感到厭煩、甚至噁心，通常就會出現一個可怕現象：「學習終點」。——很不幸的，我們的孩子出現「學習終點」經常出現於「離開校園」或是「不再有考試」的那一天。

話說回來，老師和家長為什麼如此習慣快速而直截地將知識灌輸給小孩呢？原因很可能是：因為我們的老師、我們的上一代也大多是這樣教育著我們。於是乎，一代傳過一代，不斷循環。這個不太好的循環，此刻，新的教學觀念和教學技術出現，我們認為終於有機會可以打破了。

因為學校的教學方式改變，就會逐漸改變這種循環，如果再加上家庭教育的佐助，——家長們有意識地察覺到，家庭當中就能用「充滿問題意識的教養方式」來訓練小孩，另一方面又能體察到學校之內已經有全新的、強調思考的教學方式與創新老師，不但認同、還給予支持，親師們一起攜手合作改善台灣下一代的教育品質，讓下一代在學校教養之中得到一輩子帶得走的能力。

思考，當然是其中重要的一項能力。

回到家長們最核心的疑問：家長在家庭教養中應該怎麼做才好呢？這就是狩野未希《這

樣問話，教出會思考的孩子》這本書珍貴的地方了。狩野未希很敏銳察覺到，一個孩子的思考訓練，不是從學校開始，而是從家庭就開始了，時間之早早到一個孩子可以開始溝通之後，每一天、每一次的親子之間的對話、應答，都是寶貴的思考能力訓練機會。但是前提是，**父母必須懂得提問的技巧、懂得捕捉孩子的問題意識、懂得應對的姿態、懂得改變問話的用詞**，——這些其實都不難，因為這本書提供了簡單、綱舉目張的觀念，同時一而再、再而三地、不厭其煩地用大量實例來說明，如何運用、如何實踐、如何應對。

父母（其實老師們也需要）學會這些觀念，開始有意識地鍛鍊自己、教養小孩，所謂家庭教育，就不再只是學前上上才藝班，而是又邁向另一個更高深而寬闊明朗的新境界了。

（中山女高國文教師／學思達發起人）

張輝誠

會思考的孩子，一輩子有自信

「真希望我的孩子能具備思考能力，但是到底該怎麼做才好呢？」近來有這些想法的父母大幅增加。究竟什麼是「思考能力」呢？簡單來說就是「深度思考的能力」。不是尋求某個由誰訂定的標準答案，而是深入思考，直到自己心悅誠服，主動求出解答的能力，我認為這才叫做「思考能力」。

思考能力當然也可以藉由用功讀書培養，不過，我向來的觀點是「思考能力應該從每天的生活中培養」。思考猶如一種習性，不過它和騎腳踏車這類一旦學會了不論間隔多久都記得的技巧不同。必須在日常生活中的各種大小情況養成思考的習慣，才能以備萬一之際做到深度思考。

孩子的生活就是一個培養思考力的寶庫。例如，當孩子問「為什麼是△△？」、「為什麼不可以○○？」；孩子和朋友吵架時；孩子告訴你不想上才藝班時；失敗或是無法好好傳達心情時；運動會等大型活動前內心充滿不安時，都是絕佳的「思考時機」。就連決定早上起床的時間，或是報告在學校發生的事，其實都是磨鍊思考力的機會。

「提問」是讓孩子學會思考的催化劑

父母如何在每天的生活當中，透過「提問」培養孩子的思考力？本書正是彙整這樣的解答，主要對象從三歲到國小六年級的兒童。我在這二十年當中，都在大學指導「思考」課程。從中令我了解一件事，那就是「進了大學才學會思考能力太遲了」。現在有許多學生表示「真希望童年時就有人教我思考」。雖說任何技巧都是同樣的道理，若是從幼童時期就能持續到現在，順暢程度一定大不相同。

由於這樣的期盼，我在二〇一一年以小學生為對象成立了「兒童自主思考能力課程」，現在正指導學童監護人、幼稚園及小學老師培養兒童思考力的方法。我個人因為非常喜愛思考，在家中也總是和兩個小孩一起思考。除了和孩子、學生間的互動過程，將「自信能有效培養思考能力」的心得集結於本書，本書內容不僅適用於兒童，也能鍛鍊成人的思考能力。

與孩子一同享受思考的時光

思考能力受到注目的背景，我認為是因為我們正置身於全球化及變化快速的世界。但是，思考能力本來不就是應當更普遍，屬於人類生存必備的能力嗎？

我以前教過的小學生曾說：「我對思考有自信，對於自己竟然會有這樣的想法，覺得『我好棒！』而且，因為是我拚命思考的意見，更使我擁有自信。」

透過思考能建立自信。而且，由於了解他人也和自己相同，有他們的重要的「想法」，因此也能培養出一顆體貼他人的心。同時，**當擁有思考能力時，也能確實地面對自己的感情，活用知識，回答出沒有標準答案的問題。**自信、體貼、面對自己的感情、活用知識、解決問題，全都是人類生存所需要的「能力」。

前面說過「思考猶如一種習性」，不過，若是要讓孩子養成某個習慣，「學校」不可能勝過家庭。各位目前那些根深柢固的習慣，不是幾乎都在家庭中養成的嗎？在家庭中和父母一起思考的孩子，成長方式一定大不相同。

「我認為是〇〇耶！」

「真有意思！爸爸媽媽覺得是△△呢！」

像這樣日積月累的互動，不但能培養思考能力，也能學會表達能力。何不將每天與孩子的溝通，轉化為「享受一起思考的時光」呢？

狩野未希

第一章

培養孩子的思考力，
父母要先學會「反問的技巧」

不直接說答案，是培養思考力的第一步

假設有一天，你和孩子到超市買東西，手上拎著你向來愛用的環保袋。這時候，就讀小學一年級的孩子問你：「為什麼買東西都要帶著這個袋子呢？」請問，你會怎麼回答呢？請你先闔上本書，試著想想看。

比方說，你會這麼回答嗎：「這個叫做環保袋。是為了把買的蔬菜魚肉帶回家的袋子，如果沒有這個袋子，就必須向店家買塑膠袋。塑膠袋拿回家後一丟掉就變成垃圾，可是呢，如果我們我們自備袋子，就可以避免製造多餘的垃圾。如果垃圾變少了，就能減少二氧化碳，就是一種對地球不好的氣體。如果對地球不好的氣體變少了，對地球來說不是一件很開心的事嗎？所以為了地球，我們買東西都要記得帶環保袋，懂了嗎？」

讓孩子發揮無限思考力，親子互動是關鍵

這是很出色的回答，以小孩子能理解的方式仔細說明，為什麼使用環保袋是愛護地球的表現。不過，**如果希望讓孩子的思考力自由發揮，就不應該這樣滔滔不絕地解說。這樣的回答，等於剝奪了孩子「自主思考的機會」。**

孩子的思考力是否能無限發揮？最重要的關鍵其實不是學校也不是老師，而是父母。父母與孩子的互動方式，既能使孩子思考能力的嫩芽茁壯，也能使它枯萎。

那麼，父母該如何與孩子互動呢？為什麼掌握其中的關鍵是父母呢？「思考能力」究竟是什麼？這一章我想先就這些部分來談。

思考能力，就是解決問題的能力

所謂思考能力，就是確實以自己的腦袋思考的能力，不是別人提供現成的答案，不是接受「標準答案」就好，而是思考出一個自己能接受，自己提出答案，這才是思考能力。

例如，有一道「左邊和右邊的交通工具哪裡不一樣？」的問題。假設答案是「搭乘人數不同」。不過，大家針對這道問題，可能會提出「左邊的比較方，右邊的比較圓」、「車窗大小不同」等五花八門的答案。

聽到「標準答案」的瞬間，因而認為「『搭乘人數不同』才是對的，我說『車窗大小不同』是錯的」，就只是接受標準答案，而放棄進一步思考。

提出讓自己服氣的答案，才是有效思考

明明應該有各種答案，卻只接受所謂的「標準答案」，類似上面這道題目的狀況，在生活中隨處可見。即使自己的答案和標準答案不同，仍然重新審視一次自己的答案，再次思考「為什麼這是標準答案」，這才是「自主思考」。

當然，即使要求「自己思考，自己找出答案」，也不是非要提出和別人不同的答案才行。**思考能力重要的不是提出原創答案，而是提出自己可以接受的答案，因此「如何思考」是重要關鍵。**

「如何思考」的基礎有三項。第一是「確實理解」；第二是「思考原因」；第三是「是否有其他想法」，進行種種思考。

鍛鍊思考能力基礎❶「確實理解」

白主思考就是針對某些事或人，提出自己的意見，「我的看法是這樣」。因此首先一定要先理解當事人或事（美國哈佛大學的教育計劃也指出以發揮思考能力為前提，理解這件事非常重要）。

例如，要是被問到「新來的老師如何？」如果不太了解新老師，就無法「思考」新老師是什麼樣的人。**個人習慣、擅長什麼、不擅長什麼，因為欠缺有關老師的「資訊」，當然無法思考。必須真正理解當事人或事，才有辦法提出意見。**

然而，我們卻經常對並未真正理解的人或事大放厥詞。為了能夠真正思考後提出答案，先做到確實理解「思考的對象」，是基礎中的基礎。

鍛鍊思考能力基礎❷「為什麼要這麼說？」

為什麼思考「為什麼要這麼說？」、「為什麼會這麼想？」很重要呢？

假設我們問A：「為什麼別人幫你做事時，一定要向對方說謝謝呢？」而A回答：「嗯，一定要說謝謝才行！」

假設A是因為「媽媽每次提醒我要跟別人說謝謝。所以我覺得不說不行」，這就不是自主思考。不過，**如果A表示：「我幫助別人，對方卻沒對我說謝謝，我就會覺得很難過，我不希望讓幫助我的人覺得難過」，這才叫做自主思考。**

社會上充滿許多原因不明的「意見」。例如「書包不可以繫鑰匙圈」，雖然學校老師有時會這麼說，但沒有說明「為什麼」。有沒有說明原因，孩子及父母的理解將完全不同。

不說明原因，就不會了解「禁止繫鑰匙圈」的必要性。但也不是說明原因就好。「不行就是不行」、「這是學校規定」等以這樣的理由敷衍了事，還是不會理解，反而會產生更大的疑問「為什麼不行？」、「為什麼要有這種規定？」不過，假如可以說明前因後果，例如「曾經因為某個大受歡迎的卡通人物鑰匙圈，導致本校學生發生衝突，因為不希望再次發生同樣問題，因此包括鑰匙圈等繫在書包的裝飾品都要禁止。」這樣就能提高說服力。

鍛鍊思考能力基礎❸「是否有其他想法？」

例如B決定這個星期天要去公園玩。沒想到當天卻突然下大雨。B難過地說：「今天不能玩了。」不過，認為「要是今天不能在公園玩，今天就沒得玩了」，是因為針對「星期天都在哪裡玩」的問題，在公園玩成了「唯一的標準答案」。

換個想法，「雖然不能在公園玩很可惜，不過，就算不在公園也能玩。就算下雨也能玩的遊戲是什麼呢？」、「說不定有下雨天才能玩的遊戲」像這樣跳脫「標準答案」，改變思考時又會變成什麼情況呢？不受標準答案侷限，「提出自己的答案」就是自主思考。

孩子一開始想的做法，或是視作「理所當然」的做法（例如「星期天在公園玩」）可能比成人更容易受到侷限，當了解原本的做法無法實現時，**很容易陷入「完蛋了，沒有其他選擇」的思維，他們很容易把熟悉的親人平時的做法當作「唯一的標準答案」**。不過，這樣的思考習慣，只要具備思考能力，就能突破。

讀到這裡你或許已經了解：培養思考能力不是只為了讀書，而是在每天的生活中發揮它的力量。讀書通常只要熟悉解題方法，不需要「自主」思考也能了解答案，但生活不一樣。「吵架了，怎麼辦？」、「本來心想這次一定要好好去做，卻做不到，究竟該怎麼辦才好？」、「我不想再學鋼琴了，可是如果跟媽媽這麼說，她應該會生氣吧？」生活中充滿了沒有解答的問題，沒有標準答案。因此考驗著你的思考能力。一定得自行思考，提出解答，才能繼續前進。

讓思考成為習慣，表達不再詞窮茫然

思考要成為一種習慣，才會成為真正的力量。即使是有某段時期擅長思考的人，一旦停止思考，思考能力就會開始生鏽。

「不養成習慣，就無法獲得真正的力量」、「沒有每天使用，很快就會生鏽」就這兩項特質來看，思考能力和學外文很相似。沒有養成習慣每天使用，就無法獲得外文「真正的力量」。就算獲得真正的力量，沒有實際運用就會立刻生疏。

養成經常思考的習慣，就能磨鍊出「這種時候可以這麼思考」的直覺。由於養成習慣，因此一旦遇到重要的時刻就能臨危不亂，能夠冷靜思考。若希望孩子養成某種習慣，家庭是最佳場所。

即使在學校藉由學習而有思考的機會，也只限於在家庭外能做的事。請你想一想孩子在家花了多少時間，經年累月地過日子。正因為是「經年累月長時間待在家裡」，所以能夠確實磨鍊思考能力。而且，也因為在生活的場所中使思考能力得到發揮。一般而言，沒有比家庭更理想的「生活場所」。

孩子思考的「過程」比答案更重要

即使社會型態已逐漸改變，但日本社會仍是偏重「遵照他人決定的答案」勝過「自主思考」。近年有許多機構開始提出「兒童思考力」的重要性。不過，直到目前為止，幾乎所有的學校或補習班仍然採取「能夠確實做出唯一規定的標準答案才重要」的教學路線。

突然要轉變路線為「可以有一個以上的正確答案，思考過程比正確答案更重要的教育」有它的困難。因此，我們有必要注意，轉變為以家庭為「思考場所」，由家長來協助激發孩子的思考力。

父母預設標準答案，孩子就不會再思考

讀到這裡，或許有人會質疑：「雖然我明白在家庭中幫助孩子拓展思考能力的重要性，不過，父母畢竟不是老師，有辦法做到嗎？」其實是做得到的，因為思考力並不是透過「教導」來培養。前面說明過「不可以滔滔不絕地回答孩子提出的問題」，各位是不是也常在孩子提問時，認為大人知道答案，所以輕易提供孩子正確答案呢？

前文的環保袋就是一個例子，以其他情況來說，例如孩子問你：「為什麼一定要讀書呢？」你是否曾回答：「不讀書就沒辦法成為傑出的大人不是嗎？所以你要用功讀書，成為傑出的大人才行。」**父母對於孩子提出的問題，提出似乎言之成理的答案，家長就成了「老師」，陷入「教導」孩子的狀態。**

耳提面命地指導，不如和孩子一同思考

大人經常直接告訴孩子答案，結果就是孩子不會再思考了。孩子將從經驗中學到「大人會直接告訴我答案」。另外，大人總是告訴孩子「正確答案」時，孩子將會認為「大人的答案才是對的，我想再多都是白費工夫」、「與其自己想半天，去猜大人的正確答案比較好」。「思考」應該是以自己的大腦去想出自己的答案。如果孩子問：「為什麼一定要讀書呢？」可以回答：

「如果不讀書會怎麼樣呢？」

「如果讀書，一定會有好事喔。你覺得會是什麼好事呢？」

用這樣的方式，促使孩子探索「為什麼需要讀書」的答案就可以了。自行探索得到的答案，和填鴨式或死背的答案不同，在孩子腦海中具有「真實性」，湧現讀書的幹勁（即使只是短暫的）。

另外，不管是「為什麼使用環保袋是愛護地球」的大哉問，或詳細說明「什麼是環保袋」、「為什麼要愛護地球」等細節問題，孩子對於每天的生活、地球，能夠就自己的年齡去思考。而且，自行找到答案的孩子，也能建立「我能夠這麼思考」的自信。

隨時「反問」孩子，激發孩子的求知慾

尤其是知識豐富、高學歷的成人更要注意「不要立刻告訴孩子答案」。知識豐富的人很容易以身為前輩，進入「我告訴你一個道理」的模式。前輩教導年輕人道理是件很棒的事，不過，**若是想要拓展孩子的思考能力，適時地裝傻不回答也很重要**。或許有人會擔心：「裝傻難道不會傷害身為父母的權威嗎？要是失去權威，孩子會不會變得不聽話？」會這麼想也是情有可原。

我們家是老公、我，以及兩個孩子（小學生）的四人家庭。我們是一個「無論如何先思

考，無話不談」的家庭。和孩子談話的過程中，我時常發現有不得不重新思考的時候，這時，我通常會說：「的確就像你說的那樣」、「原來有這種方法！好厲害！我也要學起來。」管他是小孩還是誰，只要說得有道理，我就會立刻豎白旗投降。

另外，因為希望孩子能更頻繁地思考，**每當孩子提問時，我總是不會先說答案，而是說：「我不曉得耶，你自己想想看」、「你先查看看」**。即使老公在場，當孩子問：「為什麼？」他也總是以「為什麼呢？」反問孩子。然而，像我們這麼「笨」的夫妻，孩子並不認為我們是「沒有權威的父母」。即使多少裝笨，孩子也不會小看父母，如果父母只需要「變笨」就能拓展孩子的思考能力，我非常樂意當個傻瓜。

以前有位從事教職的澳洲友人曾說：「要是學生們能說：『到頭來那個老師什麼都沒教，我們都是靠自己找出答案的』，我的教育就成功了」。教育的終極目標，不是「教導」擁有的知識或經驗，而是讓孩子找出答案，有如藏鏡人般在孩子背後推他們一把。孩子們終究應該是從父母竭心盡力養育疼愛、必要時斥責，來感受到父母的「權威」不是嗎？

盡力給予提示，成為孩子的「思考同伴」

有關父母與孩子的互動，我想再進一步說明。時常有人問我：「應該如何讓孩子思考呢？」我認為並不應該「要求」孩子思考。

不應該強迫孩子思考，當孩子感覺「被迫」時，將會對於思考產生反感。應該讓孩子覺得「想要思考，思考是一件快樂的事」。思考成為習慣才能成為真正的力量。**不開心、不覺得喜悅的事無法持之以恆，抱著反感的態度即使能持續思考，也不會成為真正的力量。**

為了讓孩子自發性地「想要思考」，有必要把思考的場所變成一個「能夠開心愉快的場所」。發現天馬行空想法時的喜悅、想到爆笑意見時的快樂、覺得充實的愉悅，進一步了解自己的滿足感等，感受到形形色色的愉悅，是一件很重要的事。

一味強迫孩子思考，無法持之以恆

把思考的場所變成一個「能夠開心愉快的場所」有兩個原則。第一是父母要成為孩子的「思考同伴」。第二則是父母要發自內心覺得「和孩子一起思考，很開心、很快樂」。

要成為孩子的「思考同伴」，就像是跟著孩子一起進行的尋寶遊戲。由孩子掌握主導權，父母跟隨在後一起前進。雖然不知道什麼時候在什麼地方，會出現什麼寶物（答案），不過一定有很棒的寶物等著你們，所以不妨抱著興奮期待的心情和孩子一起前進吧！

不過，請不要先預設「孩子應該會提出這個答案」、「希望能讓孩子說出這件事」的想法。**一旦先預設了內容，就會在潛意識中誘導孩子說出你希望他說出的答案。經過誘導的想法，只是「某個人」的想法，而不是孩子的自主思考。**

另外，抱著超越同伴的對等態度給予孩子尊重也很重要。強迫式地告訴孩子：「好的思考應該像這樣」，否定孩子「你還不懂」，或是用高高在上的姿態說：「這個答案比較好」

等都不是好的做法。父母可以說：

「這個想法好有趣，你為什麼會這麼想？」

「媽媽覺得是A，你認為是B才對嗎？」

「不要只想到缺點，要不要也想一想優點呢？」

父母應該盡力協助孩子去找出自己的寶物、給予提示，讓孩子自行思考出答案。

享受探索的樂趣，不必非要有答案

第二個原則是父母要發自內心覺得「和孩子一起思考很開心、很快樂」。當一個人真正感到興奮不已時，興奮的心情很容易感染給周圍。發自內心覺得「思考後，懂得很多事情真的好開心」、「知道孩子的想法是一種喜悅」很重要。事實上，和孩子一起思考確實能感受到許多超乎想像的喜悅。

不過，尋找寶藏時，有時候怎麼也找不到；不論怎麼思考也得不到答案。其實沒有關係，要是任何事都非得找出一個答案，這樣反而太過痛苦，人生中充滿了沒有答案的難題。

就算找不到答案，和同伴一起度過的時間以及「竟然能努力到這個程度」的成就感，正是思考及探索的樂趣。**「我很努力」、「我可以有這麼多想法」的感受，將使孩子建立自信，這樣的自信能夠推孩子一把，樂於「下次再試試看吧」**。孩子比父母想像中更害怕「說出不正確的答案」。不過，如果孩子出現害怕的感受，就無法自己主動去思考了。因此，父母有必要為孩子塑造一個「這時候說什麼都沒關係」的環境。父母可以說：

「說什麼都可以喔！」

「不管什麼答案都可以，有認真去想就已經很棒了。」

一開始就下定決心，用這些話反覆鼓勵孩子，絕對不要露出嚴肅的表情，也會很有效果。不管說了什麼，或是犯了什麼錯，父母都會關愛自己，繼續當自己的夥伴——對孩子而言，父母就是這樣的存在。只要這樣孩子就能安心，徹底地思考。

父母也要成為「會思考的人」

或許有人會浮現這樣的疑問：「不過對孩子而言，父母應該是『比自己偉大的人』不是嗎？孩子要是認為『偉大的人意見當然是正確的』，會不會因而退縮呢？」

的確，孩子一開始很可能會這麼想。所以為了解決這個疑問，我們先來討論「意見」究竟是什麼？所謂意見，就是人們基於個性、經驗、知識為基礎，在腦袋中思考而成。因為人與人之間的個性、經驗、知識都不相同，所以每個人的意見當然都不一樣。正因為每個人意見都不同所以才有意義，所以一定要尊重每個人的意見。

意見不是「正確與否」，而是以「有沒有說服力」來判斷。說服力並不是取決於說話者是否「偉大」，而是取決於不管是父母還是知識、經驗都還很欠缺的孩子，所說出的意見是

「什麼樣的內容」。

例如，你的意見是「想和孩子吃晚飯前一起洗澡，這樣晚上比較悠哉」。想要先洗澡的意見，或許是基於你經年累月的經驗，而且你有可能覺得煮飯和準備洗澡水的都是我，所以「我有發言權」。不過，這並不代表「我的意見是對的」、「我是家長，所以我的意見才有說服力」。因為原本就沒有正確的意見，決定有沒有說服力也和「是誰說的」沒有關係。

讓孩子看見父母「思考的背影」很重要

「我的意見是對的」、「我是家長，所以我的意見才有說服力」的態度，是思考能力的敵人。另外，一旦認為「我的意見才有說服力，因為我是一家之主」，往往不會再深入思考，**「照爸媽說的去做」硬要孩子接受自己的意見。一個凡事以家長意見作主的家庭，孩子會認為「多想也沒用」**（但也並不是說小孩子不管說什麼都行，允許孩子愛做什麼就做什麼，詳細內容會在第三章說明）。

希望各位能每天提醒自己：「根本不會有正確的意見」、「決定意見有無說服力，不是因為誰說了那個意見，而是意見的內容是什麼」。

為了拓展孩子的思考能力，家長的思考能力也遭到考驗。各位也要成為「思考的人」，孩子都是看著父母的背影長大。父母視為理所當然去做的事，孩子也會理所當然跟著去做。思考也是相同的，與其耳提面命地對孩子說：「多想一想！」每天讓孩子看見父母「認真思考的背影」不是更有效嗎？

讓孩子看到你思考的背影，並不是要你隨時準備完美的意見，而是思考生活中發生的各種事情，**即使沒有提供解答，即使有時候有點偷懶，還是持續思考不同的事物，以這個態度來思考的背影對孩子極其重要。**

你不需要擔心自己不太擅長思考，以下我會說明思考的訣竅，在說明訣竅以前，我想先說明最根本的部分——為什麼孩子需要思考能力？

擁有思考能力，就能學會尊重他人

我始終認為，思考能力是父母能夠給予孩子的最大財產。無論給孩子多少金錢，錢總有一天可能形同廢紙。不過，思考能力只要每天鍛鍊，不論發生任何事，都不會讓思考能力歸零。每當有人問我：「希望教養出什麼樣的孩子？」我總是回答：「就算發生革命也能活到最後的孩子。」革命只是打個比方。簡單地說，孩子今後的人生必須靠自己開拓，我希望能夠教育出這樣的孩子。

而且，我深信憑自己努力活下去的力量，就是由「思考能力」帶來的。很多原本做不到的事，只要具備思考能力就能做得到。想想看「要怎麼做才有可能做到？」自己想出答案，加以解決。只要擁有解決問題的自信，就能很快樂對吧？

而且，只要有思考能力，就能培養一顆體貼他人的心，你認為是為什麼呢？當能夠仔細思考時，就會認為自己的意見很重要，而且也能明白：**抱著重要意見的，不光是自己，每個人都有重要的意見，所以尊重他人意見是理所當然的**。當思考「事情必有因」成為習慣，就會開始去設身處地想像對方的立場：「為什麼那個人會這麼想呢？」因此就能體貼他人。

下一章我會更詳細說明，面對自己的情緒——憤怒、懊悔、厭惡等，也是思考力。確認現在自己是什麼樣的感受，如果覺得「正在生氣」，想一想該怎麼辦，這是解決自己的情緒問題。另外，靈活運用在學校等場所學習的知識也是思考力。

以前我曾問過一位小學二年級男生：「你認為金字塔是怎麼蓋出來的？」他回答我：「使用跳箱時會用的那種跳台，但是要準備更大的，然後抱著石頭的人站在上面，接著再讓人和石頭一起彈到正在蓋的金字塔上。」

會思考的孩子，個性更勇敢樂觀

聽起來是非常有童心的答案，不過這個答案中顯示出他具備「古埃及沒有電也沒有現代的機械工具」的知識，以及藉由體育，了解「使用跳台，可以讓人彈跳得更高」的知識，這個男生所發揮的是這樣的知識。若是沒有電也沒有機械工具，我會怎麼辦呢？這是小男孩發揮想像力的結果。

時常思考：「我的想法是什麼呢？」好好地面對自己，就能理解自己。當能了解自己時就能肯定自己。雖然我們常聽到「自我肯定」這個用詞，人類原本就無法真正去肯定自己不太了解的事情，為了真正喜歡自己，了解自己，所以必須思考。

換句話說，如果問到為什麼需要思考力，那是因為思考力是生存的能力。自信、自我肯定、體貼他人、問題解決能力、面對情緒的能力、靈活運用知識的能力、想像力，只要抱持樂觀愉悅的態度，不論發生任何事情，都能勇敢地說：「我不會有問題」而生活下去。

第二章

親子互動這樣聊！
比讚美更重要的11個「對話習慣」

過度讚美，無法延伸孩子的思考力

「對你來說，最重要的是什麼呢？」我時常這麼問孩子。到目前為止我聽過形形色色的回答，其中印象最深刻的答案是「命」。在這裡，我想請問各位，如果孩子對你說：「對我來說，最重要的是『命』」，你會有什麼反應呢？

你是否會說：「太厲害了」呢？確實「很厲害」，大人反而未必能毅然決然說出這個答案。那麼，我要繼續請問各位，當你讚美孩子「太厲害了」時，能激發孩子的思考能力嗎？恐怕答案是「不會」。例如，你對一個能游完二十五公尺的孩子說：「太厲害了」，情況是不同的。當孩子聽到「太厲害了」，他會覺得還可以更努力，下一次可能會努力練習而達成游完五十公尺的目標。因為游泳教室是一個「能夠不斷擴展下一個目標的場所」。

別讓孩子為了被讚美而思考

不過，就如我在第一章說明的，日本社會幾乎沒有能擴展思考能力的場所，只要給予讚美孩子就能奮發向上，而繼續拓展思考力的場所付之闕如。

而且，**一味地讚美孩子的思考「太厲害了」的結果，孩子將會認為被大人讚美的答案是「標準答案」，因而把所有精神貫注在說出「能夠被讚美的思考」。**這和原本的初衷：思考到自己能接受為止的「思考能力」根本是極其不合理的。

努力讚美對方是件很棒的事，不過，不應該僅限如此。除了讚美，必須提出能使孩子思考力更加延伸的問題。那麼，什麼樣的問題才有效果呢？要注意哪些事項才能拓展思考力呢？這一章要說明的是「為了拓展思考力，父母可以做的事」。

「先接納，再提問」讓孩子樂於思考

希望父母隨時隨地都能注意的是：「不論孩子有什麼樣的想法，都先接納再說」。請各位務必依循「先接納↓再提問」的大原則。

接納孩子的思考，就是認同孩子拚命思考「你很努力」的事實。而且，也是接納孩子思考方式的表現。小孩子能夠毫不在意地說出超乎大人想像的意見。不過，不論任何時候，首先要做的就是接納：「這樣很好啊！」營造一個孩子願意思考的環境。

例如當你問孩子「最重要的東西是什麼」，而孩子回答：「打電動！」時，父母很可能想對孩子說：「難道沒有更像樣的答案嗎？」不過，希望你這時候千萬別回答：「打電動？不會吧？」、「這麼無聊的事情你竟然認為最重要，真是夠了！」

否定孩子的想法，孩子會害怕思考

這個世界上，沒有「錯誤的意見」，也沒有「錯誤的思考」。不論孩子說出多麼令你反感的意見或想法，不論再怎麼違反父母原本的預期，你都不能否定孩子的意見或想法，認為「不算什麼」。當立場不同，想法就會改變，只是如此而已。

被父母否定自己的想法，孩子很可能對思考變得退縮。他將很難體會到「不可能有錯誤的回答」。為了避免不假思索就否定孩子的想法，平時就要隨時注意提醒自己，不要以「這個問題只有這個答案」的態度，避免抱著「唯一的標準答案」。

那麼，實際上該怎麼做呢？比方說，**你可以回答：「好有趣！」先接納孩子的答案。對於上述孩子回答「打電動」的答案，也可以同樣回答：「（因為意想不到）好有趣」。**

重要的是「絕對不要說謊」，一心想著要拓展孩子的思考力，但是明明內心並不這麼想，刻意地讚美孩子「你好厲害」是行不通的，孩子很容易感受到大人是否在說謊。不是發自內心說出的話，無法感動孩子。聽了無法感動內心的話語，也不會產生「好，那我再想想看」的意願。成為孩子思考夥伴的首要條件之一，就是「彼此的真誠對話」。

用「原來還可以這樣」來接納孩子的想法

遇到再怎麼都不認為「好有趣」的情況時，可以說：「原來如此，原來也有這種想法呢！」**因為孩子確實覺得「打電動是最重要的」，所以回答「原來也有這種想法」來加以接納並不算說謊**。

接納孩子的答案後，接著就是提問，提問是讓孩子更進一步思考的催化劑，偉大的哲學家也是透過提問來加深思考。你一定也希望能夠透過提問讓孩子體會深度思考的感覺吧？重複累積思考的經驗，就能讓孩子拓展思考力。

最簡單又最具爆發力的提問是「**為什麼？**」只要你一問「為什麼？」孩子就一定要思考

原因。如果孩子因此而瞠目結舌，「咦……為什麼呢？」回答不出時，就是他重新思考的好機會。有關如何進一步詢問原因的技巧，會在下一章詳細說明。

就算孩子的回答是不被社會、倫理認同的思考（例如「用炸彈把人炸飛」），還是請你先接納「是嗎？原來你這麼想喔。」先把孩子究竟多認真在思考這件事放在一邊，孩子當下有這種想法是事實。**先接受事實，然後再提問：「這樣不會太亂來了嗎？」、「會有人死掉耶，這樣好嗎？」**

接下來就談談為了擴展孩子的思考力，必須養成每天的「思考習慣」。「接納→提問」是養成思考習慣的大原則，其他還有希望各位能養成習慣的事項，那就是我接下來要說明的「十一個習慣」（這十一個習慣並不是每天都要做到，而是以輕鬆的心情，從容易做到的部分先開始）。

習慣1　隨時和孩子商量「你覺得怎麼樣呢？」

我經常在遇到煩惱的事情時，會稍微思考後和孩子商量：「你覺得怎麼樣？」因為透過孩子的回答，時常能獲得啟發，思考因而有進展。

上一章提到「思考力的基礎」其中一項是「有沒有其他想法」，藉由與他人交談，可以由其他人來協助你做到「有沒有其他想法」。「其他的某個人」因為站在和你不同的角度，所以說出「其他想法」的可能性很高。

所以，請你多和自己的孩子交談，從「要送奶奶什麼禮物才好呢？」等瑣碎的小事，甚至可以和孩子認真商量：「媽媽向朋友說了很不好的話，該怎麼辦呢？」只要不是兒童不宜的內容，都請盡量聽一聽孩子的意見。

並不是沒頭沒腦地問孩子：「你覺得呢？」而是自己先想想看：「爸爸（媽媽）也想過了，不過，實在不太明白……你覺得呢？」透過每天和孩子的交談，孩子也會覺得：「想過了卻不知道該怎麼辦時，和家人商量是當然的」（以下雖然都是以「媽媽」為例，不過閱讀時換成「爸爸」也沒問題）。

每次對話，都是思考力的鍛鍊

一說到商量，很多人可能會說「沒有那種閒工夫」。不過，所謂的商量，不過是「我這麼認為，你覺得呢？」相互表達自己的看法，所以吃飯前、送孩子上學途中、睡覺前、洗澡時……只要有心，一定能夠找到商量的時機。

和孩子交談有很多好處，對孩子而言是很好的思考訓練，而且若是能告訴孩子「多虧你的意見，事情有進展了喔！」孩子就會更有自信。同時也能親自體會聽了其他人的想法而加深自己的思考。而且，同時也是在告訴孩子：「媽媽也有想不出答案的時候，所以你想不出來時也不需要擔心喔。」

習慣2 彼此遵守「不打斷他人説話」的原則

打斷他人說話，只顧說出自己想說的話——這是小孩子常有的行為。為了讓孩子養成對話禮節，也為了透過實踐「每個人的意見都應該被尊重」，親子都應該遵守「不打斷他人說話」的原則。

當孩子打斷你說話時，提醒孩子：「現在媽媽在說話喔！別人在說話時應該怎麼樣呢？」讓孩子想起對話的原則。要是孩子仍不太明白不打斷他人說話的意義，可以問孩子：「為什麼不可以打斷別人說話呢？」這個問題同樣沒有標準答案。

「因為別人的意見很重要。」

「因為別人可能會說很有趣的事。」

視孩子的年齡及性格，讓孩子了解「應該尊重別人的意見」這件事即可。然後，當你話說完了，告訴孩子：「**謝謝你聽我說完。你剛剛本來想說什麼？**」孩子壓抑想說話的心情，請你肯定他的努力，只要能夠溫和地促使他說出來，就不會使孩子退縮，認為「難得想要說，媽媽卻不讓我說」。

習慣3 表現出「每個人意見不一樣，所以才有趣」的態度

和孩子說話時，不是只有聆聽孩子的意見，然後輕描淡寫地說一句「原來如此」就好了，父母也必須說出自己的意見，讓孩子體會：「原來每個人本來就會有不同的意見」。另外，「你覺得○○對吧？真有意思。媽媽認為是□□。」像這樣把「誰」抱著某種意見清楚地表達出來後，就能培養孩子「意見是對當事人來說很重要」的意識。

「在那部電影中，你覺得○○很有趣對吧？媽媽認為□□很有趣。我們注意到的地方不一樣，真有意思」也可以像這樣表達，讓孩子了解：正因為意見不同才更有價值。

習慣4 任何場合都堅守「不直接說答案」的原則

不管孩子問任何問題，大人絕對不要直接說出答案，這是為了不要剝奪孩子思考的機會。「不說答案」的原則，除了在孩子提問以外，也可以應用在許多不同場合。

例如和孩子一起出門，收拾行李準備要回家時，不是對孩子說「你看，忘記拿水壺了喔！」的「答案」，而是問孩子：「**我們帶了多少行李來？**」這麼一來，孩子就能想起所帶的行李數量，自己思考有沒有忘了什麼東西？

或者是叮囑孩子時，例如明明曾提醒孩子「在公車裡要安靜」，但孩子仍然在車上大聲喧嘩，**不是一再重複「不是告訴過你要安靜嗎？」而是問孩子：「你記得在公車裡要怎麼做嗎？」**促使孩子自主思考。當孩子無法遵守約定時，就能再次確認：「剛剛你是不是答應我做到什麼事呢？」

孩子嘗試嶄新挑戰時，只要能夠謹守「不說答案」，孩子就能迅速成長。你是否曾經有過吃完飯，孩子把自己的餐具拿到廚房，看到孩子拿餐具的方式很危險而緊張不已，忍不住插手接過盤子說：「不要一次疊那麼多盤子！」而說出完美收拾餐盤方法的「答案」呢？

這時候你可以問孩子：「你覺得要怎麼拿盤子，才不會打破呢？」如果是不容易破的餐盤，不妨什麼都不要說，總之先讓孩子試試看。勉強亂疊盤子的結果，拿到廚房途中掉下來了……當發生這種情況時，孩子就會思考：「下次該怎麼做才不會弄掉」。當孩子嘗試新挑戰時，在父母的許可範圍，就讓孩子多多體驗失敗，這也是告訴孩子：「沒有人第一次做就能完美，每個人都是從失敗中成長的」。

習慣5 把「去做〇〇！」改成「不做〇〇會怎麼樣呢？」

「快點收一收！」、「先把功課做完！」父母常會要求孩子去做這個去做那個。不過，正因為頻頻要求孩子做事，其實可以把這樣的習慣和思考聯結在一起。

比如「快點收一收！」可以換成問句：「這個如果不收好會怎麼樣？」由於「快點收一收！」是命令句，孩子只能服從（或是不服從），換成問句詢問孩子，思考的機會就來臨了。如果孩子回答：「房間會變得髒兮兮。」這時候還是要採取「先接納→再提問」原則。

「嗯，一定會變得髒兮兮。」（接納）

「那麼，該怎麼做才好呢？」（提問）

孩子可能就會說出：「自己收拾」。建議把「去做○○！」轉換成「不做○○，會怎麼樣呢？」像這樣預測未來的提問。

「先把功課做完！」改成「不先做功課會怎樣？」

「好好向對方道歉！」改成「不好好地向對方道歉會怎樣？」

孩子通常不太會思考未來的事情，而有先儘可能享受當下的傾向。預測未來是「思考力」的重要關鍵，父母可以在生活中透過像這樣的提問，讓孩子養成預測未來的習慣。

「去做○○！」換一個方式表達，就成了「不做那件事就麻煩了」。詢問孩子：「不做○○，會怎麼樣呢？」孩子就能進一步思考：「不做○○，可能會有麻煩。不過，究竟是什麼麻煩呢？」最後的結果，**就能對於「為什麼一定要做○○」的提問，發現自己能接受的答案**。基於自己能接受的答案去行動，和因為受父母命令不得不去做，孩子的行為應當會產生極大的改變。

習慣6 養成「思而後行」的習慣

你一定很希望孩子能夠養成「判斷當時的情況，思考後再採取行動」的能力對吧？為了能從意料之外的狀況存活下來，「思而後行的能力」是必要的。不過，要是永遠都由大人指導「該採取什麼行動」的標準答案，就無法培養出這樣的能力。

用餐前的準備或打掃等，和孩子一起做家事時，就是拓展思而後行能力的好機會。例如，餐桌上已經擺好了醬油瓶和杯子，你希望孩子幫忙拿筷子，這時候不是說：「把筷子拿到餐桌。」的「標準答案」，而是問孩子：「**餐桌上還需要拿出什麼才好呢？**」

另外，當你使用吸塵器打掃時，不是直接說：「把那裡的椅子移開！」而是像玩猜謎遊戲般問孩子：「**我想打掃那邊的地板，那麼，該怎麼做才好呢？**」

類似這樣詢問：「該怎麼做才好呢？」的情況，一般而言，父母心中都早已預設「標準答案」（例如「把椅子移開」）。不過，要是認為「除了『標準答案』以外的回答都不行」，是很危險的。

例如，你希望孩子幫忙拿出筷子，所以問孩子：「餐桌上還需要拿出什麼才好呢？」的時候，孩子回答「餐巾紙」。一般家庭吃飯時通常不會使用餐巾紙，也許你會忍不住想說：「怎麼會？應該是筷子吧？」不過，**這種情況下還是請你先接納孩子的答案，「餐巾紙？這我倒沒想到。」然後進一步問：「為什麼你覺得是餐巾紙呢？」**

這時候孩子或許會回答：「因為有餐巾紙不是看起來比較高級嗎？」家中有餐巾紙的家庭，或許可以試著把餐巾紙擺出來，也是一種樂趣。**若是沒有時，「對了！餐巾紙……可是**

傷腦筋，我們家沒有耶，怎麼辦？」你可以和孩子商量，找出答案。「思而後行的能力」同樣沒有標準答案，多多與孩子享受對話的樂趣吧！

習慣7 把想法化成言語「你剛剛說的『哇！』是什麼感覺？」

思考的過程，使用語言自然有它的價值。雖然數字及繪畫也有幫助，但若要深入思考，仍然有必要借助準確使用語言。日文中有將想說的話曖昧化的傾向。曖昧的表現也有獨特的美感。不過，以思考力來說，曖昧的表現並不受歡迎。因為言語如果始終處於曖昧的情況，就無法深入思考。以日文為母語的孩子，更應從日常生活中讓孩子意識到「不要曖昧地使用言語，要更準確地表達。」

例如孩子興高采烈地對你說：「哇！我覺得好厲害！」你可以問他：「原來是這樣啊！**你剛剛說『哇！』那是什麼感覺？什麼事情好厲害？**我好想知道喔！」用提問助孩子一臂之

力，讓孩子更明確地表達自己的感覺（這種情況也要先說「原來是這樣啊！」來接納）。

另外，當孩子使用「大家」、「總是」、「絕對」等誇張的用詞時，很容易忘了原本的意思。「大家都這麼說」、「A總是在生氣」、「絕對是○○！」等等。孩子像這樣誇大其詞時，先接納，然後再確認孩子用詞的意義，例如：**「原來你這麼想啊！不過，你剛剛說『大家』，是每個人都這麼說嗎？」**

為了讓孩子養成確實表達的習慣，可以透過親子間的交換日記（不需要每天寫），或是在一天結束時，和孩子一起寫出五項當天覺得開心的事情（這是參考心理學家塔爾・班夏哈的著作《更快樂：哈佛最受歡迎的一堂課》所介紹的方法）。

做法很簡單，睡前和孩子各自把當天覺得開心的五件事情寫在紙上，然後分享彼此所寫的內容，這樣就可以了，只需要花幾分鐘的時間。你會發現「雖然今天也發生了不愉快的事，不過也發生了五件好事，今天還是挺不錯的。」這麼做就能從各種不同角度觀察事物。

習慣8　把心情化成言語「你現在是什麼樣的心情？」

人的心情及想法，原本並沒有詞彙這樣的「標籤」。令人雀躍不已、莫名地不舒服等，心情原本就是很難以言語表現、難以掌握真相的東西。

而且，人類的思考幾乎都是從「難以掌握真相的心情」開始。「令人雀躍不已」轉變成「這個人真是太厲害了」的想法；「莫名地不舒服」轉變成「我不能接受這個政策」。我們總是藉由賦予難以掌握真相的心情詞彙，才能向前邁進。

例如，你最近覺得煩躁不安，而你發現煩躁的原因是「想要重返職場工作，卻沒辦法」。為了消除這個原因（重返職場工作），你決定透過就業網站求職。

這時候的「你」，對於原本還沒有詞彙的心情，賦予「煩躁不安」的詞彙，並且透過「那是因為想重返職場工作卻沒辦法」的原因語言化，而讓自己接受。將心情及原因語言化，因此才能進展到「下一步該怎麼做」。

把自己的心情語言化，將產生這種心情的原因透過詞彙徹底追究，有時候連大人也會覺得很困難，更何況是經驗及詞彙都還十分欠缺的孩子。原本孩子就很難想到適當的詞彙，或是雖然了解詞彙，卻無法說出口。有時候也會發生正在哭的實際原因是「玩撲克牌輸了很懊惱」，說出口的卻是風馬牛不相及的「哥哥沒有跟我說謝謝」。

不過，**為了能夠獲得藉由思考而活下的能力，務必正面迎向自己的心情，自問：「自己現在究竟是什麼樣的心情」、「為什麼心情會變成這樣」**，以言語確實掌握當下的心情，加以思考並向前邁進。

心情溫度計

我們家會使用「心情溫度計」讓孩子試著表達心扉。這是從「做孩子的情緒教練」名著中《Developing Children's Emotional Intelligence》（ShahnazBahman及Helen Maffini合著）介紹的道具得到靈感，由當時五歲的孩子製作而成。

雖說是溫度計，只不過是把溫度計正反面的圖案畫在厚紙板上，然後剪下來貼合而已，很簡單的製作方式。然而，**這個看似簡易的道具，卻能在孩子哭泣、生氣時發生意想不到的效果。尤其推薦給還不習慣用言語表達心情的孩子、學齡前的兒童**。由父母製作當然也可以，不過讓孩子親自製作，我想孩子會更樂於使用，接下來說明使用方法。

孩子生氣或是無精打采，卻無法表達心情時，將心情溫度計遞給孩子（孩子暫時哭過、生氣過，情緒稍微和緩一點時是最佳時機）。有關心情溫度計，可以參考下方對話：

媽媽：「普通體溫計是測量什麼的？」

孩子：「體溫。」

媽媽：「沒錯。這個溫度計叫心情溫度計，不是測量體溫，而是測量心情。普通的溫度計如果嗶嗶嗶地響了，會怎麼樣呢？」

孩子：「就會知道體溫幾度。」

媽媽：「沒錯。這個心情溫度計呢，要是嗶嗶嗶地響了，也能知道你現在是什麼心情喔。有時候它立刻就會叫了，有時候要花一點時間。要是它響了，就能了解自己現在是什麼心情，那時候你再把你的心情告訴媽媽。」

孩子：「……」

媽媽：「普通體溫計就算出現『三十八度』，你也不會覺得『要是跟媽媽說三十八度會被罵』對吧？心情溫度計也是一樣喔，當你了解自己的心情時，只需要老實告訴媽媽『出現的溫度』就可以，媽媽絕對不會罵你。」

心情溫度計是厚紙板製成的，當然不會嗶嗶作響，也不可能顯示刻度，心情溫度計是一種儀式。**「把這個溫度計放在腋下，自己能說出嗶嗶嗶時，就能老實說出自己的心情。」是一種促使孩子「老實說出自己的心情也沒關係」的魔法道具。**讓孩子拿著魔法的道具，告訴孩子：「直說沒關係喔。」不論說什麼都可以的安全空間，是為了讓孩子訴說自己心情而打造的最佳環境。

剛開始孩子或許無法立刻說出：「我已經知道自己的心情了」。如果孩子把溫度計夾在腋下，過了幾分鐘仍然一句話都不說時，適當溫和地催促：「已經響了嗎？」也很重要。如果孩子說：「還沒。」請你忍耐地再等他。要是孩子說：「不知道。」也請你不要強迫他，你可以說：「是嗎？不知道呀。那就沒辦法了。」或許再過一陣子，他的心情好多了就願意告訴你。**孩子也會有不想說出心情的時候，使用心情溫度計的意義，終究不是「說出心情」，而是「保有面對自己心情的時間」**。

習慣以後，孩子很可能主動表示：「我去拿溫度計來。」自行製造容易訴說的環境。不妨把心情溫度計放在孩子可以自行取得的場所，讓孩子自己便於主動「測量」。我家是把心情溫度計和真正的體溫計放在一起。

前文有提到不對孩子說謊的大原則，在這個時候，既然已經對孩子說了：「老實說出自己的心情沒關係喔。」不管孩子說了什麼，就要發自內心接納孩子所說的話。為了向孩子傳達「老實說出來也沒關係」是真心話，也可以告訴孩子：「因為媽媽說過『老實說出來也沒關係』，所以媽媽絕對會守信用，相信媽媽。」

即使孩子說：「媽媽說了那麼過分的話，所以我很生氣。」還是請你要先接納，因為那是小小孩和種種思緒對抗，努力客觀去看待自己的心情，然後為這樣的感情加上標籤，鼓起勇氣才能說出來的。**你可以說：「你真的很老實地說出來了耶」、「說出來需要勇氣對吧」來接納孩子。**

接納之後，還是一樣要提問。「媽媽說的時候並沒有想到這麼說很過分，不過你覺得很生氣對吧？」只要有必要，不妨再進一步和孩子多談談。具體而言，該怎麼說才好，我將在第四章及第五章說明。

習慣9　不要預設孩子的答案，更別當孩子的「代言人」

有些父母常會替孩子「代言」，說出他們的心情「你一定覺得△△對吧？」以為孩子會難以啟齒，或是覺得孩子委屈代替他們說出口，這當然也是天下父母心，不過，就「培養思考力」而言，實在算不上是一個良好的心態。

說起來，擅自武斷地認為「孩子大概說不出口吧」的想法就很奇怪（對於孩子的語言能力給予過低的評價）。即使是父母，也未必能百分之百掌握孩子的心情。即使血脈相連，熟知彼此的狀況，孩子和父母不但知識及經驗不同，性格也有微妙的差異。

孩子認為「非常痛苦」，即使父母知道他的心情，但是對於「痛苦」的定義及感受，親子之間仍有微妙的差異。另外，當父母經常代替孩子說出心情時，孩子遲早有一天會認為「就算我不說，也有人會幫我說出那些難以啟齒的話」、「媽媽總是會幫我說，我根本不需要去思考自己的心情是如何」。

習慣10 說明困難的詞彙意義時，試著演一場戲

孩子在什麼地方聽到一知半解、困難的詞彙時，常常會詢問：「○○是什麼？」比方說「稅金」、「股票」、「交涉」等，這些大人世界的詞彙，因為就孩子的經驗、知識難以想像，所以沒辦法問孩子：「你認為是什麼意思呢？」如果孩子到了某個年齡還能查字典，年幼的孩子卻沒辦法（對於還不想讓孩子知道的詞彙，只能含糊其詞地說：「這個你還不知道也沒關係喔。」）

當年幼的孩子問：「什麼是稅金？」這類的問題時，父母可以大致說明一下：「為了讓自己住的國家或城市，變成一個容易居住的地方，付給國家或城市的錢就叫做稅金」我認為也無妨（藉機訓練大人的說明能力）。

不過，**這種做法容易演變成孩子只是單方面聽大人的說明而進入「被動模式」，有時候得下點工夫，演一場說明詞彙意義的「戲碼」。**

解釋深奧詞彙時，「演戲」能加強孩子的理解力

我在演戲的時候，會使用我家幾個小熊玩偶（所有的角色全部由我一個人扮演）。或許這麼說會令你覺得難度相當高。當然，疲倦或忙碌時，直接說明詞彙意義也行。不過，覺得「今天似乎可以試試看」時，請務必挑戰看看，孩子會相當興致勃勃喔。

吃完飯後只需一、兩分鐘，兩手拿著小熊玩偶，以玩遊戲的心情演戲，也能稍微令自己喘口氣。**你不需要特別準備劇本，沒有「這樣做才正確」的標準模式，萬一發生「啊！弄錯了」的時候，中途修正就好了。**

有關做法的訣竅，例如說明「股票」時，想一想「人、時、地，怎麼做？為了什麼而使用？」另外，如果是說明「一石二鳥」這類的抽象概念，請你想一想「人、時、地，什麼樣的狀況下會說一石二鳥？」這麼一來，為了演戲而產生的創意就容易聚焦。我偶爾也會在家演戲給孩子看，他們甚至開心地為此取了一個「小熊劇場」的稱號。

當時，孩子們每天都會玩小熊遊戲，遊戲中小熊A被設定成開咖啡廳的店長。因此，我就以「小熊A的咖啡廳」當作題材，讓想支持咖啡廳的小熊B登場。

B：「我非常喜歡你的咖啡廳，我想支持你！」

A：「謝謝你！只要是支持我的小熊，我都會給他這張票，一張十元。不過要是我的店非常受歡迎，這張票就能用一張一百元賣給其他小熊。這是給支持我的小熊，嗯，算是謝禮吧……不過，萬一我的店不受歡迎時，就算你想用十元賣這張票給別人，可能也只值五元，可以嗎？我會為了你買下的這張票努力，讓它變成一百元！」

我大概就是這麼做的，最後再揭穿謎底——「小熊B買的票就是股票」。當然，只會說明核心的部分，劇碼演得太長，不但自己會很累，孩子也會覺得無聊。這麼一來，孩子邊看就會邊想：「原來如此，原來是這個意思啊！」所以也能成為理解力的訓練。

解釋深奧的詞彙、成語時適合改編成戲劇。相反的，不適合改編的則是單純的概念（例如「耳環」等），只需直接告訴孩子意思即可。

連父母也不知道的超難詞彙，老實告訴孩子：「我也不知道耶。」然後不妨問孩子：「我也好想知道是什麼意思？要怎麼做才能知道它的意思呢？」這可以成為思考「不知道的事情應該怎麼去尋找答案？」、「應該向什麼人請教？」的契機。

習慣11 對自己提出的意見負起責任

意見是自己拚命思考而產生的（有關意見如何形成，將在下一章說明），另外，也是當事人的自我表現。為了讓他人了解自己這個人，是自己重要的一部分。在關鍵的情況表明意見，必須有「正因為拚命思考、正因為是自己重要的一部分，所以我對自己的意見必須負責任」的覺悟。**輕率地發表意見，出了問題才以「我沒有那個意思」來逃避的大人隨處可見，沒有責任感的意見，本來就不應該說出口。**

為了培養孩子「對自己的意見要有責任感」，當孩子做了決定時，請你問他：**「這是你**

自己決定的，你會好好負起責任對吧？」決定是「我要做○○！」，可以說是最高等級的意見。當孩子說：「猜拳決定吧！」就是教導孩子責任意識的好機會。孩子之間經常發生：「猜拳決定誰吃最後一塊糖果！」結果一方輸了卻生氣的情況，雖然這種行為確實像小孩子也很可愛，不過還是要提醒孩子：「是你說要猜拳決定的喔！」並且藉此給予機會教育：

「猜拳是不是永遠都會贏？」

「有贏有輸才是猜拳對吧？既然決定猜拳了，不管是贏了還是輸了，都不應該有埋怨不是嗎？既然自己決定了，就要負責任。」

有關責任感，在第四章以後會介紹更多具體案例。

第三章

問話三步驟，
引導孩子循序思考！

深入思考三步驟，讓孩子循序思考

本章要介紹的是這三項基礎的實踐「深入思考三步驟」。這些絕對不是「困難的任務」。而是為了讓孩子每天更快樂地活著，更加喜愛自己，極為重要的三步驟。

將思考力的基礎（❶充分理解、❷思考原因、❸思考是否有其他想法）徹底落實在「深入思考三步驟」，將會變成以下的狀況：「思考力的基礎」是支持思考力的基本理念；「深入思考三步驟」是徹底實踐基礎理念。透過三個步驟，將能更快且確實建立「基礎」。

上個章節介紹的「十一個習慣」，在實踐三步驟時也必須加以應用。**任何時候都要自我提醒「先接納→再提問」的大原則，以及「把心情化為語言」、「不預設孩子的答案」**。那麼，接著便詳細說明「父母該如何提問」才能讓孩子深入思考。

步驟一　**【確實理解事實】**

確實理解自己意見的「對象」。

↓

步驟二　**【思考原因】**

掌握「自己是這麼想的」，思考其中的原因。

↓

步驟三　**【是否有其他想法】**

想一想「還有沒有其他想法」，提出讓人心悅誠服的答案。

深入思考就是「擁有合理可靠的意見」，逐步落實這三項步驟，孩子就能確切地思考。為了讓孩子確切地實踐，父母請以「提問」助孩子一臂之力。如同我在第一章所說，思考能讓孩子產生對他人的體貼。藉由思考原因，也能萌生自信。

步驟1 為了能夠【確實理解事實】的提問

「可以詳細地告訴我嗎？」

為了深入思考，首先要確實理解意見對象的「人、事」。必須看出「人、事」的整體樣貌。例如，你的女兒今天哭著回家說：「今天A在學校說了很過分的話。」原來是A故意在所有人面前說女兒個子很矮（你的女兒一直很在意個子矮這件事）。

站在父母的立場通常會說：「A太過分了！」

不過，你必須努力按捺住，在說出「A太過分了」的意見以前，一定要先了解全貌。**這時候要做的是先接納女兒的心情，「很難受對吧？」然後確認實際發生了什麼事。**

孩子回家報告在學校或幼稚園「發生了某件事」可說是家常便飯。不過，你必須注意多數的情況家長並不在現場。「發生了某件事」這類孩子的報告，是站在「孩子的觀點」。

假設有一輛汽車，剛好顏色是縱分為兩半，右側是黑色，而左側是白色（引用愛德華・波諾闡述多角思考的名著《思考帽》中的點子）。從只能看見汽車右側的地方看到車時，你會以為「這部車是黑的」；然而從只能看見汽車左側的地方看到車，你會認為「這部車是白的」。當角度不同，雖然注視著相同的物體，看到的面貌就會不同，這是理所當然的。

父母要先站在客觀立場，了解事情全貌

然而，我們有時候明明只從單一方向觀看，卻冒然認定：「我看到的這一面是黑的，另一面當然也是黑的。」而告訴他人：「那輛車是全黑的。」另外，也有明明站在可以看見黑白兩色的場所，卻因為先入為主的觀念，而驚慌失措地說出：「那部車是全白的。」

「從自己的角度可能有看不到的一面」、「因為先入為主，所以明明應該看得到，卻變成視而不見」這樣的狀況小孩子特別難以了解。因此，**當孩子報告某件事的時候，父母有必**

要協助孩子看見「事情的全貌」。孩子的報告中應當有漏洞，不是質疑孩子，而是為了深入思考及解決問題，讓孩子更快樂，抱著「想了解真相」的精神提出問題。「發生什麼事了？可以更仔細地告訴我嗎？」以類似這樣的發問，營造孩子容易說出口的環境。

確認孩子的說話內容是否具備5W1H

為了看見事情的全貌，首先必須確認孩子的報告內容是否含有5W1H（「何時」、「在哪裡」、「是誰」、「做了什麼」、「為什麼」、「是怎麼做的」）5W1H是掌握訊息全貌的基礎。

「今天A在學校時，在大家面前說我的個子很矮。」當孩子這麼說時，何時（今天）、在哪裡（在學校）、是誰（是A）、做了什麼（在大家的面前說我的個子很矮）四點都包括在內，但是「為什麼」、「是怎麼做的」還不清楚，所以可以針對這兩項詢問孩子。

有關「為什麼」，不妨問孩子：**「為什麼A會那麼說呢？」**

至於「是怎麼做的」，則可以問：**「A是以什麼樣的態度說這件事呢？」**、**「他說這件事的過程是如何呢？」**另外，有關「什麼」，由於不清楚A究竟說的具體內容是什麼，不妨進一步問孩子：「A實際上那句話是怎麼說的？」

為了確認是否掌握事情全貌，我認為可以採取「當時的狀況是否能像錄影畫面重現」的角度來思考。A這件事如何呢？當時，「你」的女兒及周遭的人是處在什麼狀態呢？如果不知道這些內容，即使知道5W1H，也無法使畫面重現，不妨問問孩子：「當時現場還有其他小朋友，他們有怎麼樣嗎？」

孩子每天發生的爭吵，比較嚴重的情況不談，都是難能可貴的成長機會，仔細地觀看事件的全貌，透過親子交談，可以帶領孩子走向成長的道路。

養成辨別「事實」與「意見」的能力

接下來，希望你在確實掌握全貌這個部分，要注意「現在所說的是『事實』還是『意見』？」事實可以透過某些形式證明。各位現在閱讀的是「書」，各位指著我這本書，說：這是書——這是「事實」。實際上讓他人看到閱讀的書，或是請對方摸一摸，就能證明。另一方面，意見則是人的思考，每個人想法各有差異，例如：這本書很無聊。

若是問到為什麼需要分辨事實與意見，**那是因為若是把某個人的意見誤以為事實，就無法確實掌握全貌。不能確實掌握事實全貌，就無法深入思考。**

「今天A在學校說了很過分的話」這句發言是「意見」。如果是「今天A在學校說了某些話」或許是事實，但是否覺得「很過分」的判斷則因人而異。但是父母聽了孩子報告的內容，往往很容易把「A說了『很過分』的話」視作「事實」。我並不是想否定父母對子女的關懷因而造成的觀察方式。

不過，一旦父母把「A說了很過分的話」當作事實，思考的內容就會變成「說了很過分的話的人是A，為了不要再讓A說出這種話，應該怎麼辦？」當然，或許A真的說了「很過分」的話，不過，沒有掌握全貌以前不會知道「事實」，也不能武斷地認為「事實應該是○○」。**試著去理解事實後，或許應該思考的不是「怎麼做才能不讓A這麼說」，而是「如果要和A重新和好，該怎麼做」**。

小孩子比成人更容易混淆事實和意見，有時也會把不過是印象的事情，說得有如絕對的事實。第一個步驟的「理解」，父母尤其要注意分辨事實及意見。

提問時，注意口氣別像審問犯人

例如，「B老師很無趣」是「意見」，但「B老師不笑」是「事實」；「哥哥很愛欺負我」是「意見」，但「哥哥打我」是「事實」。

孩子說的如果是「意見」，你可以問：**「為什麼你會這麼說？」**確認孩子說的話當中是否有『事實』；如果孩子說：「哥哥很愛欺負我。」則問他：「為什麼說他欺負你呢？」要是孩子回答：「因為哥哥打我」，再進一步問：「真的是哥哥打你嗎？」要注意不要像逼供一樣，為了追究真相，很容易使氣氛變得像警察審問犯人。

我常和小學生進行「辨別事實與意見的猜謎」。「明天應該會放晴吧」、「氣象報告說：『明天應該會放晴吧』」、「米奇很受歡迎」等句子讓孩子辨別哪些是事實哪些是意見。（「明天應該會放晴吧」是意見；「氣象報告說：『明天應該會放晴吧』」是事實；「米奇很受歡迎」根據「受歡迎」的詮釋方式，有可能是意見也有可能是事實）。

能否分辨這兩者，將形成思考能力，以及延伸而來的生存能力產生很大的差異。

比方說，第一次參加學校社團活動的C，他最喜歡的學長告訴他：「手工藝社團很棒！」這雖然只是學長的個人意見，但是不論小孩或成人對於自己信賴的人所說的話，往往有主觀認定為「事實」的傾向，當認定是事實的時候，對那件事就停止了懷疑。

C相信學長說的話是「事實」而加入手工藝社團，但是他卻覺得一點都不好玩。這時候很可能會產生「學長說謊！我討厭他！」要是開始對於學長說的話能夠認為「這畢竟是學長的個人意見，並非事實，我可以作為參考」，也就不致於因而討厭學長了。

跟孩子一起解謎，培養思考能力

孩子今後也會遇到形形色色的人及不同場合，例如「那個人很奇怪」的意見要是當作「事實」，就很可能發生霸凌之類的事件。另外，事實與意見的辨別，也和所謂「媒體素養（Media Literacy）」有關。在網路上看到藉著「資訊」為名的意見，如果能抱著「也有這樣的觀點」辨識就沒問題，**要是錯認為「事實」，等於學到錯誤的知識。得到錯誤的知識，很可能因而採取錯誤的行動。**

而且，孩子們今後的人生也必須面臨各種選擇與決斷。「那間學校絕對適合你」的意見，若是當作「事實」而入學，無法充分融入校園生活，很可能陷入「無法和大家合得來，我真差勁」這種不必要的自責。

為了讓孩子養成「分辨事實與意見的眼光」，不妨利用飯後或搭車的時間，和孩子試試看前面介紹的猜謎遊戲。請你務必讓孩子說明：「為什麼你認為這是事實（意見）」。這不但能使你們親子間學到辨別事實與意見的能力，也能增進彼此的互動喔！

步驟2 為了能夠【思考原因】的提問

「○○，你認為呢？」↓「為什麼？」

先問問孩子：「你的看法呢？」當孩子說出自己的意見時，務必先接納，接著再問：「為什麼？」以了解其中原因。

「原因」是鍛鍊思考力的必備要件。在我的「思考班級」中，我總是不厭其煩地詢問：

「為什麼？」當然，這也是因為意見品質決定於原因。不過，原因的力量絕不是只有如此而已。原因是❶自信的要素、❷每個人的個性展現、❸測試「是認真的嗎」。

❶「原因」是自信的來源

例如，孩子們在學校討論「才藝表演時，A和B兩部劇要演哪一部？」太郎說：「A比較好。」其他同學問：「為什麼？」太郎卻支支吾吾地回答不出來，最後他們決定表演B劇。要是太郎能好好地把原因說清楚，結果會變怎樣呢？如果太郎說：「A劇能夠讓大家都演出重要的角色⋯⋯」等

「原因」有時候會成為說服他人的武器，不過，**我之所以不厭其煩詢問孩子原因，並不是為了養成孩子讓自己如願而打倒對方的技巧，而是要「讓孩子對自己的意見有自信」**。

說不出「A比較好」的原因，就無法得知「為什麼非要A才行」。不了解其中的必然性，「A比較好」的意見就容易動搖，對自己的意見無法擁有自信。另一方面，**如果能知道**

原因，就會得出「為什麼是A的必然性」，也能成為當事人的重要依據。也就能產生「我有我的原因，所以我才會抱著這個意見」的自信。

對自己的意見有自信，和執著於自己的意見並不相同。對自己的意見有自信，是「先照這個意見去做」，有如決定出發點般的狀況。

這世上並沒有完美的意見。即使對當事人而言「完美」的意見，在其他價值觀及經驗不同的人來看，可能「平凡無奇」。正因為意見不可能完美，所以更應該與他人討論，調整修正為更好的意見，「意見」正是這樣的產物。因此，不論多麼有自信，都不應該過度執著。更不該抱著「我的意見完美無瑕，所以我一定要說服對方」的態度。

❷「原因」是每個人的個性展現

喜歡足球的男孩很多，不過一問他們為什麼喜歡足球，有的人喜歡踢球；有的則是喜歡射門時的快感；有的人則是因為哥哥踢足球，所以自己也愛上了足球。每個人的原因各自不同，足球的「什麼部分」最重要，因人而異。

任何人都不可能和某個人的理由完全相同。例如，A和B都說：「因為喜歡踢球，所以喜愛足球。」但進一步再問：「喜歡踢球的什麼特點？」就可能會得到「喜歡踢球」不同的內幕。**原因會呈現出每個人不同的個性，當你問孩子思考的是什麼原因時，你會覺得很開心。**為了更進一步了解、尊重孩子的個性，請你設法讓孩子多多說出他的原因。

❸「原因」可以測試孩子的決心

女兒八歲時曾對我說：「我想參加劇團的選拔。」我當然立刻問她：「為什麼？」當時她回答我：「去年才藝表演時，我就覺得『就是這個了！』站在舞台上表演，大家給我掌聲時，我真的很開心。我從來沒有感覺到那種喜悅，當女演員真好，這一年來一直想著這件事，我還是想當女演員。」女兒因為每天都常對我說明原因，她已經習慣了。

詢問理由以後，就可以了解孩子是不是認真的，因為了解女兒是認真的，所以我答應她參加劇團選拔。如果當時女兒只是輕率地說：「因為我想上電視啊！」我應該不會答應她參加選拔。只有輕率思考的原因，缺乏說服力。**「只有輕率地思考」可能就是因為對自己的意見沒有自信。**

然而，當時女兒說出來的原因，是事先寫好在筆記上再告訴我的，那個筆記我現在仍慎重地留著。劇團是一個嚴苛的世界，也有可能想要中途放棄，但在那樣的時刻回歸本心，重新再問自己：「為什麼我會想要加入劇團呢？」或許就能成為重新獲得自信的契機，因為原因是支撐「想要做〇〇」的關鍵。

徹底探尋原因的三個提問訣竅

對於「為什麼？」的提問，孩子不一定每次都能流利地說出口。因此，以下介紹容易詢問原因的三個訣竅。

❶詢問「契機」

把提問由「為什麼？」變成**「從什麼時候開始這麼想的？」**孩子開始做決定時，尤其能發揮效果。例如，孩子表示「想學鋼琴」時，我會問他：「從什麼時候開始這麼想的？」如果孩子的回答是「去看A的鋼琴發表會時」。就再進一步問他：

「當時什麼讓你覺得很厲害？」

「A的發表會讓你覺得最厲害的是什麼？」

或許孩子會告訴你：「第一次覺得鋼琴聲好棒喔」。

「什麼時候開始這麼想的？」↓孩子的契機↓「該契機的哪裡讓你覺得很厲害」

「契機」是理由的寶庫，正因為有契機，所以才會萌生想法（例如想學鋼琴）。只要和孩子談談有關那個契機，就能發現原因的開端。

❷讓孩子說出回憶

讓孩子說出他們喜愛的事物時，我一定會設法讓他們談談「有關喜愛事物的回憶」。以前，有個喜歡電動玩具的小男生說：「因為媽媽一直不讓我打電動，不過，上了小學以後，媽媽終於願意讓我打電動，真的好開心。」這是有關電動玩具重要的回憶，而且，這個回憶也會成為「為什麼這麼喜歡電動」的原因。

「喜歡A」、「想變成B」、「想去C」這類積極的話題，挖掘出回憶的結果，能促使孩子說出「為什麼是A（B、C）」的原因，其中往往蘊藏著很棒的暗示。雖然也能令孩子說出「因為討厭D」這類負面的情緒，但是除非必要，儘可能不要去觸及討厭的回憶。

❸和其他相似的事物比較

例如，雖然喜歡咖哩飯，卻想不起來原因時，可以和其他相似的案例比較。問孩子：

「喜歡牛肉燴飯嗎？」或許孩子會回答：「我不喜歡牛肉燴飯，因為太甜了。」這時你就可以進一步提問：「那麼，你喜歡咖哩烏龍麵嗎？」或許孩子就會回答：「我比較喜歡白飯。」經過以上的提問，就能了解咖哩飯對於孩子的魅力在於「不甜」、「是白飯」。

透過比較A以及與A類似的東西（B），就能確認「為什麼一定要是A」的必然性。即使知道是A（例如咖哩飯），卻不知道為什麼喜歡，透過類似的B（例如牛肉燴飯）來比較，就可以看出「A具有的特質，但B沒有的」。

以上三個訣竅可以一次使用於某個意見，也可以單獨使用一個訣竅，請視每個孩子的情況運用。另外，詢問契機或是讓孩子講出回憶仍找不到提示時，再詢問類似的事物也是一種運用方式。

父母隨興提問，能打開孩子思考的開關

父母認為理所當然的事，孩子也會視作理所當然。因此，請表現出「理所當然地」及「重視原因」的態度。做法很簡單。例如吃晚飯時，不妨說：「今天的味噌湯好好喝喔，為什麼呢？」或是喃喃地說：「櫻花為什麼這麼漂亮呢？」也可以在看電視時說：「這個人為什麼會說這句話呢？」

自己說出原因也可以，很多時候自言自語地說出「為什麼呢」，卻能啟動孩子「我告訴你答案」的開關。當沒有提問，而孩子能說出原因時，就太好了。要注意說出原因時，不要使用「絕對〇〇」的說法。「爸爸說今天會早點回家，可能是因為他想跟你一起玩吧？」不妨像這樣利用「可能是……吧？」的語法，表示有其他可能性。

深入探究原因的重要性

原因當中常有複雜的結構。例如「想成為女演員」的原因是「希望能扮演形形色色的人」，這個原因當中，可能帶有「能夠成為另一個人，似乎很好玩」，但這個原因底下，或許還有「因為能體驗其他感受及人生」，因此「想成為女演員」的原因就有三層結構。

思考原因時，像這樣不斷深入挖掘，而找出最深層的原因是最理想的狀態（不斷追根究底，能更深入意見，也能增加自信）。**當孩子 述擅長的主題時，應該追根究底地詢問原因，不妨一再詢問孩子：「為什麼？」**

不過，過度追問「為什麼」，也有可能使孩子討厭思考。數度詢問為什麼而沒有進展時，請參考「即使回答不出也不需要擔心」（ 〇七頁）的應對方式。

深入探究原因需要多麼努力、具有什麼樣的意義，父母親自體會也非常重要。**若是能親自體驗，就會了解深入探究原因的訣竅，同時也能對孩子產生同理心，「思考原因很重要，**

但也很辛苦對吧？」事實上，在這裡有個希望父母務必深入思考原因的事情，那就是「我們的家庭守則是什麼」。

訂定家庭守則，要求孩子確實遵守

雖然每個人的意見都應當尊重，不過，要是不管孩子說什麼意見都答應，很可能造成孩子任性而為。為了避免這種狀況發生，你一定也會希望清楚訂定「我的孩子務必遵守的規則」（例如打電動一天最多三十分鐘）不是嗎？

所謂的規則，就是某個人說出來的意見。只要深入探究原因，就能看出是不是具有說服力。**如果沒有什麼大不了的原因，不需要求孩子一定要遵守，若是有光明正大的原因，就能抱著自信要求孩子「一定要遵守」。藉由深入探究原因，能使父母掌握確實的核心。**

因為忙碌沒有時間思考的人，請找出「獨處時間」，洗衣服時，打掃時等，找出投入一人世界的時間。順帶一提，我喜歡在接送孩子的路上，一個人邊走路邊思考。在一天忙碌的空檔，一面親近外界的空氣，以適當的節奏邊走邊思考。

接下來說到思考「家庭守則」時，思考「我家」以及「為人父母的我」有什麼想法，是件很重要的事。**注意不要去想「一定要配合其他家庭才行」。要是在意其他的家庭，就無法思考為了自己的家庭該怎麼做。**家家有本難念的經，只要經過仔細思考後，認為「希望我的孩子能遵守這件事」，而這件事是在社會、倫理的許可範圍內，就能要求孩子確實遵守。

就順序而言，先列出「家庭守則」清單（寫下來比只用腦袋整理容易）。然後，針對每一項規則，依照下列幾項程序思考。

❶ 為什麼要孩子遵守這個規則？儘量把原因都列出來。

❷ 分辨這些原因是「意見」還是「事實」。

❸ 深入探究原因。

根據這幾個程序思考，你不需要一口氣全部思考，在時間允許範圍內，一次思考一點就可以。例如，針對「一天最多打三十分鐘的電動」，為什麼要孩子遵守這項規則，儘可能詳細地列出原因（程序❶）。接著，假設有三個原因：

A 我覺得玩三十分鐘以上的電動，會影響視力。

B 做功課及幫忙家事的時間就沒有了。

C 我不喜歡家人之間沒有談話的時間。

接著，分辨這三項原因是意見還是事實（程序❷）。在這裡，A和C是「意見」，B是「事實」。接著要進行的是深入探究原因（程序❸），不過，意見與事實深入探究的方式不同。

原因是「意見」時，針對該原因，進一步問自己：「為什麼？」以A來說：「為什麼我覺得玩三十分鐘以上的電動，會影響視力？」如果查詢確實資訊後，還是不知道為什麼自己會這麼想，這個原因就缺乏說服力。

不停自問，直到原因能說服自己

針對C的「我不喜歡家人之間沒有談話的時間」，同樣自問：「為什麼？」假設你得到的答案是「因為我希望家人彼此能有更多時間培養感情」，這也是一個「意見」，當你最後得到的原因仍是「意見」時，就要再自問：「為什麼？」

假設一再自問的結果，得到的原因是「因為我希望重視家人之間的交談」，**「希望重視家人之間的交談」可以說有如為人父母的信念，深入探究之後，如果得出和信念呼應的結果，這時就可以停止再問「為什麼？」**，因為如果是信念，即使追問：「為什麼這是信念？」也只會得到「因為重要的事就是很重要」的無限迴旋。

當得到的結果是自己的「信念」時，應該自問：「我是否面對任何人，都能充滿自信地說『這是我的信念』？」**如果答案是肯定的，就可以據此判斷「這個原因有說服力」**。

另一方面，當眼前的原因屬於「事實」時，因為事實可以證明，所以本身具有說服力，但徹底思考時，不妨自問：「這個事實的什麼部分感到困擾？」（當事實屬於負面時），或是：「這個事實的什麼部分很棒？」（當事實屬於正面時）。這是為了確認基於原因而出現的事實，對自己有什麼意義。

B的「做功課及幫忙家事的時間就沒有了」屬於負面事實，所以不妨自問：**「沒有了做功課及幫忙家事的時間，有什麼困擾？」**假設你得到的答案是「功課當然一定要完成，而且希望藉著孩子幫忙家事，能夠待在自己身邊」。這個回答也是「信念」。

當原因成為「信念」時，就可做為家庭守則

這時候便要自問：「是否不論面對任何人，都能充滿自信地說『這是我的信念』？」答案若是肯定的，就可以認為B具有說服力；如果答案是否定的，則不具說服力。對於「這個事實的什麼部分感到困擾（或是很棒？）」的問題若不只一個答案，針對每一個答案深入探

究，直到確認是不是信念為止，以及是否能夠對任何人說出這是自己的信念。

深入探究原因的結果，在程序❶列舉原因的過程中，如果有一項是具有說服力的事項，就能確認「對這個規則抱著自信讓孩子遵守」。

作為原則，深入探究原因時，最終只要確認達到「事實」或「信念」的階段就可以。為人父母的核心，思考重要事項時，請試著對「事實」進一步思考，直到確認為「信念」階段。這麼一來，應該能對自己的思考或選擇產生自信，也應當能夠更加了解自己。這個流程也可以用於深入探究孩子說的原因，不過要記得避免咄咄逼人喔。

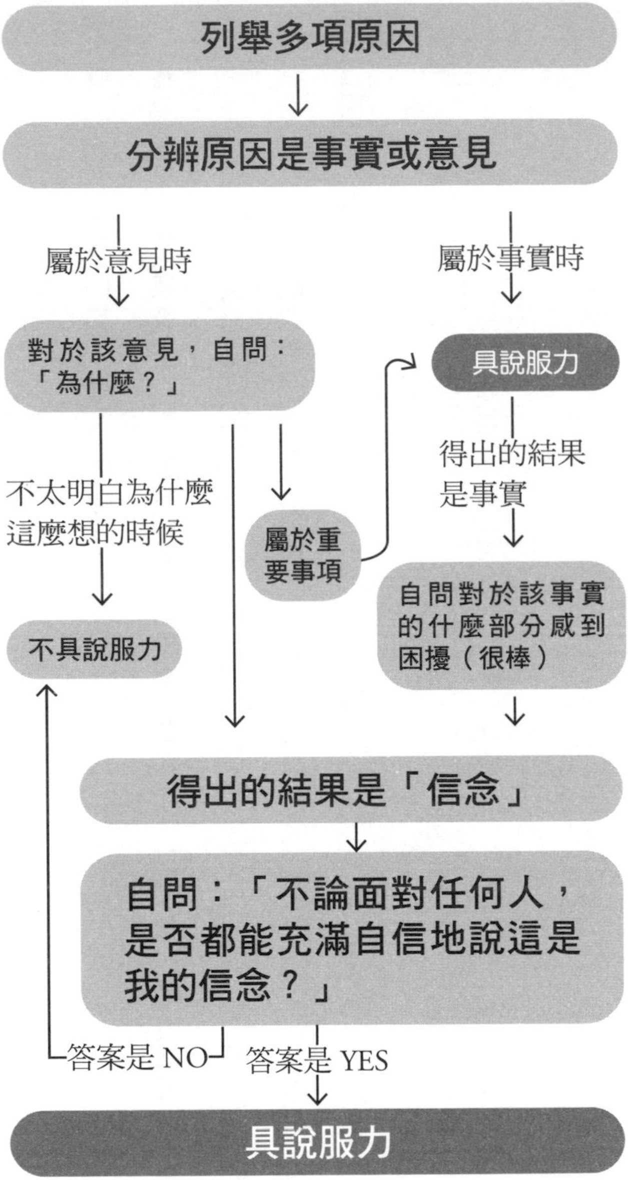
列舉多項原因
分辨原因是事實或意見
屬於意見時
屬於事實時
對於該意見，自問：「為什麼？」
具說服力
不太明白為什麼這麼想的時候
屬於重要事項
得出的結果是事實
不具說服力
自問對於該事實的什麼部分感到困擾（很棒）
得出的結果是「信念」
自問：「不論面對任何人，是否都能充滿自信地說這是我的信念？」
答案是 NO
答案是 YES
具說服力

步驟3 為了能夠【確實提出意見】的提問

「但是」是禁忌用語

步驟二形成意見後，思考「有沒有其他想法」則是步驟三。從各個層面去思考，就能完成確切的意見。促使孩子思考「其他想法」的方式很多，想讓孩子預測未來可以這樣問：

「實際上做看看會變成怎麼樣？」

「要不要站在對方的立場想想看？」

最快速直接的方式，就是反駁孩子的意見。孩子說：「A很壞心。」你可以說：**「我覺得A並沒有很壞心耶」**；孩子說：「我不想學鋼琴了。」你可以說：**「就算繼續學也很好啊」**等。反駁意見時，一定要思考「反駁的原因」。反駁也是一種意見。毫無道理的反駁，沒有說服力，你可以這樣說：

「我覺得A並沒有很壞心耶，因為他前些時候不是對你很好嗎？」

「就算繼續學鋼琴也很好啊，雖然你說自己說不適合彈鋼琴，但是適不適合自己，我覺得不是一件可以輕易了解的事喔！」。

帶有原因的反駁，能夠彼此討論究竟哪個意見比較好，有時也能想出第三個意見（實際上如何討論，請參考第四章以後的內容）。當孩子說：「我討厭A，因為他很壞心。」你可以先接納：「原來如此。」接著採取反駁……不僅是反駁，讓孩子了解其他觀點時，一開始都不應該先說「但是」。

不論多麼全心全意的接納，只要接著說出「但是」，就會容易給人否定前面所說內容的印象。孩子會覺得：「剛剛同意我說的只是順口敷衍，『但是』之後所說的話才是真正重要的？」因為當談話時，以「接納、讚美↓但是」的流程陳述時，「但是」的後面才是主題的情況相當多不是嗎？

「反駁孩子意見」的二個開場白

讓孩子了解其他想法時，儘可能避免使用「但是」、「不過」等逆接的詞彙。有兩個方法，一個是「媽媽的想法是……」，一個是另起話題般地說「對了……」。

以「媽媽的想法是」來開頭，即使實際的內容是反駁，聽起來像是「其他想法」。在說了「原來如此」以後，稍微停頓一下，然後說：「媽媽的想法是A或許並不是壞心。因為……」由於沒有使用「但是」等否定的詞彙，所以孩子容易接受相反的看法。

另一個方法是先說「對了」，把反駁的內容改變成「提問」，讓孩子自行察覺。例如希望孩子察覺「A也有體貼別人的地方」，就可以先說「原來如此」，接著說：「對了，A一天到晚只會做壞心的事嗎？」

學鋼琴的案例也是相同的。當孩子表示：「我不想學鋼琴，鋼琴不適合我。」而你希望孩子能夠察覺「適不適合鋼琴，並不是一件可以輕易知道的事」。可以先說：「那真是很辛苦呢。」先接納孩子的想法，接著問孩子：「對了，你覺得適不適合鋼琴，是一件可以輕易了解的事嗎？」

把「但是→反駁」轉換成「對了→提問」，只要稍加練習就可以做到了喔。

「發現其他想法」的四個代表性提問

❶「如果你是○○的立場時……」

例如孩子說：「B很臭屁，動不動就一副什麼都知道的樣子，好討厭。」在接納孩子的感受後，問他：「那麼，想一想如果你站在B的立場時……」（注意不要使用「但是」）。站在他人立場思考時，不妨促使孩子代換成當事人來思考。當事人的個性、向、喜好、行為等，和孩子一起思考，父母可以這樣說：

「B說『我知道』，只有和功課有關的內容嗎？」

「B曾說過他很好勝對吧？」

「B是不是很喜歡讀書？」

孩子藉由扮演別人，就能和孩子一起「複習」那個人是個什麼樣的人。然後再一次對孩子說：「站在B的立場想想看？」你也可以說：

「如果你是B會怎麼樣呢？會不會想自誇？」

「不想認輸是那麼差勁的一件事嗎？」

能夠以他人的觀點拚命思考、想像當事人的立場，孩子就能產生「其他想法」，而且也能培養出一顆懂得體貼他人的心。因為體貼他人，就是從想像他人的立場出發的。

為了讓孩子培養「他人立場」的想像力，我常會以「物品的立場」來說明。以前我班上有個小學男生來問我：「老師，可以給我這個信封嗎？」我剛回答：「好啊！」他立刻說：「我要把它弄得爛爛的。」**因此我對他說：「希望你不要把它弄爛爛的耶，我如果是信封，**

我一定會哭的。」過幾天後，那個男生告訴我：「我把那個信封用來裝交給學校的東西喔！」這麼一來，信封一定也會很開心的。

❷「實際做做看，會怎麼樣呢？」

上一章也寫過預測未來的重要性，有關思考未來時，思考一下其他的想法非常有效。例如，孩子想著：「慶生會想用這樣的形式，這樣朋友也會很開心。」因此問孩子：「那麼，如果實際照這個方法去做，會怎麼樣呢？」以現實的眼光來看，或許會出現「來不及準備」等問題。藉由預測未來，就能想想看「這樣的想法真的好嗎？」、「自己對這件事能負起責任嗎？」。

❸「有其他的原因嗎？」

假設A說：「說謊不好，因為一說謊，就沒辦法表達真正的心情。」這時繼續追問：「還有其他原因嗎？」於是A又說：「說了一個謊，之後必須一再說謊，很辛苦。」A後來不斷地述說「要一直說謊很累」，由此可知，A所說的理由，第二個才是他的真心話。

當孩子說出最早想到的原因時，很容易認為「這是唯一的因素」。要是說出的原因又是容易被讚美的內容，更是如此。確實思考的時候，要儘可能列舉多項原因比較好（這樣更能增加說服力）。**為了讓孩子發現真心話，進一步詢問：「還有其他原因嗎？」更是重要。**

❹「比方說？」

這對於孩子說了「曾經在哪裡聽到的意見」時很有效。因為到了小學高年級生的年紀，知識也跟著增加了，因此孩子常會把他人表達的「很酷的意見」，作為自己的意見。例如

「必須拯救世界的貧困問題，彼此相互合作才是人類相處之道」的意見。當孩子這麼說時，不妨問他：**「真是一個很棒的想法！對了，你說必須拯救的貧困，比方說是什麼問題？」**

舉出實例的方式，就是把普遍的論點，以具體實例的角度重新詮釋。社會上被視作「良好」的意見（例如「應該拯救貧困」），正因為一般人經常談論，所以更應該舉出對自己而言，生活周遭更常見的具體實例，才能說是「自己的思考」。

要是孩子想不出有關「貧困」的實例，**也可以問他：「你想拯救什麼樣的貧困呢？你想想看，想到後再跟媽媽說。」先這麼告訴孩子，就能讓孩子豎起「尋找答案」的天線**。然後或許在哪一天看到新聞報導得到提示時，或許就會告訴你：「非洲的孩子因為沒有錢，所以生病也沒辦法看醫生而死掉了，我覺得像這樣的貧困一定要解決才行。」

進行腦力激盪，磨鍊創意能力

腦力激盪（Brainstorming）是一種「透過許多不同見解，激發出絕佳創意的研討方式」。動腦筋思考其他想法的能力，換個說法，也是「透過腦力激盪，思考其他還有什麼想法」。因此，在此介紹親子都能快樂學習腦力激盪的方法。先決定一個主題，然後親子不斷提出創意，腦力激盪對於提出創意是有意義的。「這個點子不會太無聊嗎？」如果在意這個想法，就無法發揮腦力激盪的效果，注意提醒孩子不論什麼創意都可以。例如：

「如果要在九點前上床睡覺，該怎麼做才好？」

「要送爺爺什麼禮物？」

「那個人為什麼這麼著急呢？」

任何沒有正確答案的主題都可以，和孩子一起思考並提出各種想法。先決定遊戲規則，例如「提出最多想法的人獲勝」、「一個人至少要提出五個想法」，討論時就會更加熱絡。

我的「思考班級」曾就以下的主題進行腦力激盪。「在惠比壽車站製作了三個身高二十公分的雪人，要怎麼做才能讓雪人在不會溶化的狀態下，讓在這個教室（離惠比壽一站的距離）的我能看到雪人呢？」小學生想出的點子有「買一百支冰棒裝在塑膠袋，用來代替保冷袋，然後把雪人放在裡面」、「叫一輛計程車，請司機把冷氣開強一點」，其中有個很有趣的點子是「把老師叫到惠比壽車站」。那個男生（當時小學四年級）的說法是：「因為最重要的是讓老師看到還沒溶化的雪人，所以最保險的方法當然是把老師叫來惠比壽。」

孩子們的腦力激盪真的是天馬行空、無所拘束，光聽他們的點子就能很開心。話說回來，採用這三個步驟，有時也會有不順遂的時候，我想最後就以發生這種情況時該如何應對，來為本章做個結尾。

想不出答案時，暫停思考很重要

在每天的生活中思考各種問題，有時候也會面臨必須挑戰沒有答案的難題。例如有個孩子很煩惱：「我沒辦法喜歡A老師，以後在A老師的班上究竟該怎麼辦才好？」雖然掌握了事情全貌，想出了種種原因，也從其他角度加以思考，但就是無法回答「今後該怎麼辦」的問題。

這種狀況下，如果是喜歡畫畫的孩子，讓他畫畫也是一種手段。你可以問：**「和A老師在一起時，什麼樣的狀況下會覺得開心呢？」**

然後讓孩子試著畫下來，或是父母畫出來給孩子看：「如果是媽媽，大概是這種感覺會比較好。」如果孩子能因此畫出來，或許其中就會出現「今後該怎麼辦」的暗示。

用畫筆記錄靈感，讓想法具體呈現

另外，有時候思考的事情過多，始終無法有進展時，拿一張紙畫下來也是一種方式，先畫在紙上，要彙整想法就會更容易。有時候也會遇到孩子已經有了答案卻不說出來，這時可以溫和地問孩子：「你覺得我可以看出你在想什麼嗎？」輕微促使孩子說出來。

我常問孩子：「你認為人有辦法看出別人在想什麼嗎？」也常對孩子說：「不管我有多麼喜歡你，多麼了解你，運用多少想像力，我也不可能知道你全部的想法。我沒有辦法變成你，因為你在這個世界上是獨一無二、特別的存在。」

即使如此也沒有答案時，暫時停止思考也很重要。「無論如何都要想出答案喔，要努力再想一想喔！」窮追猛打的結果，可能會使得思考變成一件痛苦的事，認真思考是一件消耗體力的事情。「是嗎？不知道答案嗎？這也沒辦法，因為問題很難嘛，那麼暫時就到這邊為止吧！」能夠這麼說，也是成為思考夥伴的重要原則。

第四章

將責罵改成「提問」，讓孩子自己找出解決方法

用「提問」取代責罵、逼迫的訣竅

「我不想寫功課！」

「我討厭收東西！」

非做不可的事，孩子卻告訴你「不想做」，態度一下子幡然轉變的時候，你會以什麼態度來面對孩子？你是否能適當應對，讓孩子自主思考，自動自發地往前邁進。請你回想前文的內容，思考看看。各位的答案是否像下面這樣：先接納孩子，然後問孩子：「為什麼不想做？」接著問孩子：「如果不做會怎麼樣？」並且從其他角度思考。如果孩子表示「不想做」的內容是「家中絕對要遵守的規定」，便毅然決然地要求孩子「一定要做」。

做得太好了！

不過，有時即使以這樣的方式去做，孩子仍然不願意接受。明明應該可以講道理，但孩子就是不聽話。這時候我通常會對孩子說：**「那麼，你試著說服我看看，要是能夠說服我，不做也行。」**

這並不是屈服於孩子說「不想做」的理由，也不是為了讓孩子學習如何說服對方接受的話術技巧。「試著說服我看看」，是因為若是孩子既然這麼無法接受我的要求，那就徹底思考、好好談一談，是我表明決心的方式，這樣也能讓孩子也認真地思考。

本章及第五章要談的是「將孩子日常的生活麻煩，轉變成思考時間的方法」，如何思考將障礙轉化為成長的糧食。前面的章節都是屬於基礎篇，接下來是應用實踐篇。每一個案例場景，都會以上一章介紹的「深入思考三步驟」，說明具體提問的訣竅。

讓孩子學會說服，對自己的意見負責

懊悔做了那樣的事、心情很受傷、事情總是無法順利進行……思考和麻煩有關的事，一點也不開心。不過，若是能深入思考，孩子將能體會到「思考後，能夠繼續向前邁進」、「可以憑一己之力跨越難關」。正因為是討厭的事，正因為拚命地思考、拚命設法突破，所以能夠建立「原來我可以產生這樣的思考」。

這樣的體驗及自信，加上父母陪自己一起煩惱、一起思考，可以成為孩子極大的喜悅。而且，藉由拚命思考發揮思考力，感受到由衷的喜悅，能產生「下次也要好好想想看」的心情，看到子女這樣的成長過程，相信也是為人父母的一大喜悅。

場景1 「我不想做〇〇！」

例如，面對大聲哭喊「不想打針」的孩子，雖然半哄半騙設法讓孩子打針也是一個辦法，不過，先接納孩子「不想打針」的心情，然後實踐「深入思考三步驟」，就能迅速轉變成思考的時間。相信你還記得「深入思考三步驟」：

步驟一 ← 充分理解

步驟二 ← 思考原因，暫時推定意見

步驟三 想一想「還有沒有其他的想法」，提出能夠心悅誠服的答案

以「不想打針」的案例來說，先說「沒關係」，或是可以抱緊孩子，等孩子平靜下來

後，父母可以這樣說：

「上次打針時，你說不會痛耶。」（步驟一，確認孩子是否了解打針的實際狀況）

↓

接著問孩子：「為什麼不想打針？」聽聽孩子的原因（步驟二，孩子說：「就算上次不痛也不想打針」，先接受孩子這次的意見，然後詢問原因）。

↓

「如果不打針會怎麼樣呢？」（步驟三，藉由預測不打針的「未來」思考其他想法）。

打針的情況，經過這樣的問答通常孩子會讓步，不過有時也會遇到孩子堅持不肯退讓的狀況。例如，孩子租了ＤＶＤ卻不願意自行歸還，孩子說「不想去」，或是生氣鬧彆扭，雖然也能告誡孩子，強行叫他去還「自己借的當然要自己還不是嗎？」不過，不妨也可以試著運用三步驟。

媽媽：「這片DVD是誰說想借回家的？」（步驟一，確認事實）
孩子：「是我。」
媽媽：「這片DVD最晚什麼時候要還？」（步驟一，確認事實）
孩子：「今天」
媽媽：「從我們家走到DVD店大概要多久？」（步驟一，確認孩子說「不想去」，真正不想去的原因是什麼？）
孩子：「大概五分鐘。」
媽媽：「是你說想看的，而且今天一定要還不是嗎？五分鐘就到了，你就去嘛。」
孩子：「……」
媽媽：「為什麼這麼不想去呢？」（步驟二，詢問原因）
孩子：「……」
媽媽：「說實話，媽媽絕對不會罵你。說說看，為什麼這麼不想去呢？」

這麼問孩子說不出到底是什麼原因時，無法進展到步驟三，運用「心情溫度計」或是說：「我無法看見你在想什麼，希望你能告訴我」或許能促使孩子說出原因，有時也會遇到孩子更加彆扭的狀況（如果孩子說出不想去的原因），就可以進入到步驟三，「不去會怎麼樣呢？」、「媽媽的想法是這樣的……」。

「試著說服我。」

孩子堅持「就是不想去」時，不妨說：「那麼，你試著說服我。要是能夠說服我，不去也沒關係。」即使是絕對要孩子遵守的規則，或是希望孩子幫個小忙，而孩子拚命抗拒時，我一定會說：「試著說服我。」**「不想去」也是意見，「試著說服我」除了能讓孩子對自己的意見說清楚，也能讓孩子思考如何對於「不想去」的意見負起責任。**

這不是放任孩子愛做什麼就做什麼，而是讓孩子了解「既然你這麼堅持，一定有你的原因，我想知道是為什麼，所以你就認真說說看」因此才對孩子說：「試著說服我」。不過，既然說了「要是能說服我，不去也沒關係」，父母就要有心理準備，「只要孩子說的話具有說服力，就重新再調整自己的想法」，父母一定要對自己的發言負起責任。

聆聽孩子的「麻煩」

說了「試著說服我」以後，孩子通常會發現「認真思考之下，並沒有足夠說服對方的理由」，結果落到「不想去」的地步，藉由拋出「說服看看」的題目，讓孩子確實磨鍊思考力，而且也能夠了解「說出意見就是要認真面對」。

當然，有時候孩子的原因確實具有說服力。以前我指導的「思考班級」有個小學三年級的男生，休息時間時我說：「我要複習，所以到前面這裡來坐（不要坐在後面）。」但是小男生卻堅持「不想換座位」。

於是我要求他：「那麼，試著說服我看看。」結果他指著旁邊的背包說：「這個背包很重要，我不想離開這個背包。」我一看，是個看起來相當重的背包，於是我問他：「為什麼很重要？」

他說：「等一下我要去奶奶那裡，背包裡放著我想給奶奶看的重要玩具。」因為他的表情很認真，所以我說：「我知道了，那我過去你那邊。」而移向他座位。

大人眼裡的小事，對孩子來說都是重要的事

很多時候，孩子堅持的「不想做、不要做」等主張，其實都不是什麼大事。例如「洗完澡後吃晚飯」是晚上的例行活動，孩子說：「我不想洗完澡再吃飯，先吃飯比較好。」看在大人眼裡是件小事。不過，千萬別忘記：任何問題對孩子來說都是大事，孩子才會煩惱或抗拒。說不定孩子真正煩惱的，不是洗澡及晚飯的先後順序，而是兄弟姊妹間或學校的問題。

這樣煩悶的心情以「我討厭先洗澡」的形式來表現，這些是孩子發出的重要訊號。

不是「因為很重要，所以順從孩子寵溺」，而是抱著「因為很重要，所以和孩子一起想想看」的態度。在忙碌的每一天，或許無法對孩子所發出的每一個訊息都謹慎以對，不過，在時間許可的範圍內，親子間請多多交談互動。

場景2 「搞砸了！」

如果孩子忘了帶運動服到學校，如果年紀還小或是第一次忘記帶的孩子，我認為只需輕微提醒：「要小心一點」、「為了避免下次又忘記，該怎麼做才好」就夠了。

第一次的失敗或是偶爾才犯的小錯，親子間卻過度深入思考的結果，也有可能造成孩子對犯錯的恐懼。我們都希望孩子能不斷從地從失敗中成長。不過，父母畢竟只是平凡人，也有忍不住生氣的時候，**我認為不妨為自己訂下一個規則：「只要沒有傷害別人，一次兩次的**

失敗就讓它過去，不需要生氣」。

有時候就算父母認為沒什麼大不了的，但遭受失敗的孩子卻深受打擊時，我常會故意開朗地說：**「這不是太好了嗎？竟然失敗了。」**孩子通常會很吃驚地問：「為什麼？」於是我便反問：**「你覺得是為什麼？」**這就是思考時間的開始。

「因為可以思考，為了避免失敗該怎麼辦」孩子或許會這麼回答，但實際上不論孩子回答什麼都沒關係。只要能讓孩子想想：「失敗並不是只有討厭的一面，也有好的一面」、「還有其他的想法」就已經非常有意義了。

但是，一再重複同樣的失敗，就不能再開心地說：「失敗真是太好了。」必須仔細思考，從中學習。因此，我們可以使用深入思考三步驟，首先是第一步驟：

「什麼時候」、「在哪裡」、「什麼狀況」

運用「什麼時候」、「在哪裡」、「什麼狀況」讓孩子掌控失敗的模式，如果不掌控失敗模式，就無法思考「為了避免犯同樣的錯誤，該怎麼做才好」。例如，經常遲到的孩子，可以想想「什麼狀況會遲到？」、「通常都是上學會遲到，去才藝班就不會遲到」等。

「為什麼總是會一再陷入同樣狀況？」

假設孩子的模式是「上學時遲到的情況較多」，接下來就要思考「為什麼總是這個模式？」查明失敗原因的傾向，是為了更深入探究。例如問孩子：「為什麼早上會遲到？」這個問題或許父母心裡有數（例如，因為你的動作總是拖拖拉拉），但是請你不要把答案說出來，因為讓孩子自己思考有它的意義。

「原因的原因是什麼」、「有沒有其他因素」

要是孩子回答「因為沒有辦法立刻起床」，還是先接納「嗯，確實有可能。」然後和孩子一起思考為什麼會發生這個原因，是否有其他因素。

人類的行為，通常都交織著許多複雜的原因或狀況，通常不會是單一因素造成失敗，孩子說出口的原因，通常「原因的背後還有其他原因」。**探究「為什麼會發生這個原因」**，不**妨詢問：「為什麼沒辦法立刻起床呢」**，有關「是否有其他因素」，可以溫和地詢問：「早上遲到只有這個原因嗎？」

和其他相似的案例比較，說出自己的經驗

就連大人也很難看穿失敗原因的傾向，孩子當然覺得更困難。因此思考「為什麼總是會

變成這種失敗模式」時，父母有必要給予提示。給予提示的訣竅是「和其他相似的案例比較」以及「述說個人的童年經驗」。

和其他相似的案例比較時，比較的是「失敗時的狀況」及「類似的狀況，但並未失敗的時候」。如果是經常忘記帶東西的孩子，可以說：

「雖然你常常忘了要帶去學校的東西，不過才藝表演時，就不會忘記不是嗎？媽媽覺得你好厲害喔！那麼，為什麼才藝表演時就不會忘記呢？和平時有什麼不一樣呢？」

另外，也可以說明自己的經驗：「媽媽小時候也常常忘東忘西的，也有過忘記找零錢回來喲。買了紀念品，給老闆鈔票，因為買了紀念品太開心了，竟然完全忘了要找零錢。」

「和其他相似的案例比較」以及「述說個人的童年經驗」都是為了能營造讓孩子更進一步思考的環境，同時也能讓孩子的心情放輕鬆。

不光是孩子失敗的時候，當孩子遇到難題時，不要窮追猛打尤其重要（急切地想讓孩子反省，口吻常會不自覺中猶如逼供）。**讓孩子反省和嚴詞追問不同，咄咄逼問會使孩子緊**

張，以致無法思考。

誰都難免有陷入困境的時候，為了讓孩子了解這一點，可以協助孩子回想過去的成功經驗，或是「媽媽也常做了類似的事情喔」，讓孩子能在放鬆的情況下思考。確實掌握失敗的原因後，再進入步驟二。

「那麼，該怎麼做呢？」↓「為什麼那麼做比較好？」

假設在步驟一思考「遲到的失敗模式」，得知結果是「因為早上都會賴床，吃早餐總是慢吞吞的」。這樣只要能立刻起床，快點把早餐吃完，就不會遲到了。

因此就可以開始思考「為了避免失敗，暫時可採取的對策」。這就是步驟二的「暫時推定意見」。**為了讓孩子思考暫時的對策，不妨問孩子：「早點起床，快點把早餐吃完，就不會遲到了對吧？那麼，該怎麼具體實行呢？」**

如果孩子回答：「我要比以前提早三十分鐘起床。」你必須進一步詢問為什麼這個方法有效的原因：「為什麼提早三十分起床就不會遲到呢？」也許多數情況下你很清楚其中原因，不過還是要注意避免說出「答案」。得出暫時對策及原因後，就可以往步驟三進行。

「有沒有其他方式呢？」

有關思考失敗一事，能思考出多少克服失敗的對策是主要關鍵。除了能激盪腦力，在嘗試各種方式的過程中，也能培養解決問題的能力。因此，詢問孩子：「還有其他方法嗎？」也可以把其他方法寫在紙上，讓孩子寫或是由父母來寫都沒關係。**寫在紙上，除了能留下「曾產生這種想法」的記錄，也能成為未來實際執行的備忘錄。**寫下來的記錄大致如下，這個階段包含步驟二想到的對策，將孩子所說的全部都列出來。

一、提早三十分鐘起床。

二、早餐在三十分鐘以內吃完。
三、減少早餐的分量。
四、經過五分鐘還是起不來時，請媽媽再叫一次。
其他方法（二～四）也要詢問孩子為什麼會這麼想，不過不需要寫出原因。

「媽媽的想法是這樣的。」

孩子想出的對策常會有漏洞百出的狀況，不過千萬不要在孩子想出全部對策以前就加以否定。孩子自主思考，憑一己之力克服失敗才是最重要的。

孩子想出全部的對策，也針對原因想過之後，父母才提供本身的智慧給予協助。例如「媽媽的想法是這樣的……減少早餐的分量確實能快點吃完，不過，這麼一來肚子很快就餓了，也會沒力氣沒精神。這不是很傷腦筋嗎？」

要注意借用「媽媽的智慧」時，要清楚說出結論（很傷腦筋）和原因（減少早餐的分量確實能快點吃完，不過，這麼一來肚子很快就餓了，也會沒力氣沒精神）。

「想試著去做哪一項，自己決定！」

和媽媽的智慧對照的結果，剛剛寫在紙上的除了「三」外，其他都是「實際可採行」的對策。像這樣絞盡腦汁想過對策後，就可以進一步要求孩子：「自己決定要做哪一項！」

由父母決定時，萬一進行得不順利，孩子很容易以這件事當藉口，「因為媽媽這麼說我才做的」。**我們希望孩子能夠學會：正因為是自主思考、自行決定，所以要努力做到。因為是孩子做的決定，確認「是你自己的決定，你確實能做到對吧？」**

當然，有時候即使是自己的選擇，也會有做不到的時候。遇到這種情況，可以嘗試其他方法，或是修正其他對策。例如「三十分鐘以內吃完早飯」，實際做了之後，無論如何都沒辦法在三十分鐘以內吃完，修正為「四十分鐘以內」，但是相對的要提早十分鐘起床，這樣的方式也可以。

無論大人或小孩，一般而言都不可能一次就能解決問題。試過各種方法還是無法順利時，親子好好商量再採取下一個行動，我想這是最好不過了。

有些孩子會擔心：「要是無法順利做到怎麼辦？要是再次失敗怎麼辦？」如果你的孩子也是這樣，請務必好好地鼓勵他。我常鼓勵孩子：「就算不順利也不用擔心，你的努力媽媽都看見了，沒關係。」（「對朋友講了不該講的話」等狀況，也可以採用同樣流程來思考，可以跳過步驟一的掌握「模式」，使用5W1H，客觀地掌握「發生什麼事情」，然後依序進行步驟二及步驟三）。

你是否真正關注著孩子？

我女兒是一個經常忘東忘西的孩子，也曾有過好幾次遺失重要物品的經驗。雖然採取各種對策，但總是無法順利達到目的，母女兩人都覺得疲憊不堪，幾乎想放棄了。有一次九歲的女兒在客廳畫畫，我跟她說話，她似乎沒聽見，我叫了好幾次她的名字，她才終於發現我的存在。不過沒多久，女兒開始讀手邊的一封信，這下子又把注意力全放在讀那封信上，剛剛在畫畫的事，完全被她拋到九霄雲外。

當時我才真正了解女兒，雖然我知道她屬於容易專注的性格，卻沒想到她只能專注在單一的事情上。因此我對女兒說：「你會老是忘記帶東西，也是理所當然，剛剛看到你的樣子我終於明白了。因為你專心在某一件事情時，就會看不到其他的事情，忘得一乾二淨。做任何事都可以這麼專心，實在很厲害。不過就是因為你這麼厲害，所以才會忘記其他東西……。這實在無可奈何，可是如果不改掉忘東忘西的毛病，搞不好哪一天連錢包都忘了。所以從現在開始，在做得到的能力範圍慢慢修正，媽媽會支持你喔！」

父母知道許多孩子的事情，然而「自以為知道」的事情不也是很多嗎？我從那一天開始，學會了確實「注視」孩子的重要性。**注視、知道、認同，明明沒有真正注視孩子，似乎會被罵「你有資格說三道四的嗎？」我認為確實注視孩子真的很重要。**女兒在那天晚上睡覺前對我說：「對於我忘東忘西的毛病，媽媽說了這麼多，真的謝謝媽媽，我好開心。」

從那天開始，女兒忘東忘西的毛病急遽減少，她似乎自己努力想出辦法並付諸行動，改善忘東忘西的毛病。或許在這之前，由於我沒有確實地「注視」女兒，讓女兒莫名地感到不安，無法真正面對失敗也說不定。

場景3 大型活動前感到緊張害怕！

運動會、發表會、入學典禮等，每當有大型活動接近，孩子都比大人想像中更緊張。登上大舞台以前感到緊張，並不是一件壞事，緊張通常是因為內心有著「要加油」的表現。雖然有些孩子會緊張到發抖或哭泣，但是因為拚命努力而緊張到這種程度，是非常棒的經驗，我認為不妨讓孩子知道：「感到緊張是件很棒的事」。因此，親子不妨一起想想看。

「擔心的是什麼呢？」、「你要做什麼呢？」

首先採取步驟一「確認事實」。了解孩子對什麼感到緊張，父母可以這樣問：

「你對運動會的哪個部分感到擔心呢？」

「這次運動會你負責的是什麼呢？」

有時候孩子可以具體掌握擔心的事情（例如，很擔心舞蹈表演跳得不好），不過有時候則是不明原因的緊張。**如果問了孩子：「擔心什麼？」而孩子似乎回答不出來，可以大致確認一下活動會進行哪些內容，有時候很可能是因為想太多而緊張。**

「為什麼會緊張呢？」

接著進行步驟二，溫和地詢問孩子「緊張」的心情是否會一直持續下去。例如：

「你不是很認真地練習舞蹈嗎？跳舞時會緊張嗎？」

「是嗎？是因為運動會才緊張嗎？」

接著再問原因，「為什麼會緊張？」

孩子回答：「要是跳得不好怎麼辦？……我很擔心。」類似這樣的回答就可以了。接著進行最後的第三步驟，透過兩個問題，讓孩子自行緩解緊張的心情。

「要是不順利時，會怎麼樣呢？」

「我覺得你絕對沒問題喔！」先鼓勵孩子以後，再繼續問：「對了，要是真的不順利，會發生什麼事呢？」大部分孩子會告訴你：「咦？其實什麼事都不會發生。」

事實就是如此，或許會覺得懊惱、丟臉等，但是就算萬一表現不好，通常什麼事都不會發生。當孩子仔細一想，發現事實上不會發生任何事，心情就能變得很輕鬆。我兒子現在就是這樣。運動會前一個月，他緊張到冒出蕁麻疹，但是一了解「就算表現不好也不會發生任何事」的瞬間，他的臉上重新出現笑容，蕁麻疹也消退了。

類似的提問是「莫名地感到很擔心，有沒有浮現什麼好點子可以解決？」這是協助孩子讓充滿憂慮的腦袋，拉回到現實。通常孩子會回答：「什麼點子都沒有。」這時就可以告訴孩子：「既然什麼點子都沒有，或許不要擔心比較好。」

「如果你是觀眾席上的人……」

另外一個效果很好的提問是：「假設當天你表現得不好，坐在觀眾席上的媽媽或朋友，看到你這樣會有什麼想法呢？」這是讓孩子從「站在舞台上的自己」離開，轉變成「坐在觀眾席上的人」，就其他角度來思考。

讓孩子以坐在觀眾席的角度來思考，更容易浮現接近現實的想像。你可以對孩這麼說：

「你去觀賞A的芭蕾舞表演，假設A在舞台上跳舞時跌倒了，你會有什麼想法呢？」

孩子這時應該會說：「我會在心裡說加油！」、「我會覺得好可惜喔！」這時你就可以告訴孩子：「大家對你的看法也是一樣的喔，萬一真的表現得不好，誰都不會覺得你有什麼問題，大家都會幫你加油，所以儘管放心喔！」

站在孩子的角度看世界，會發現更多

孩子每天都在面對嶄新的挑戰，新的環境、第一次體驗、初次學習的內容等，就算是讀了好幾年的學校或才藝班，也必須面臨接踵而來的挑戰。因此，孩子是在這樣充滿挑戰的環境中努力生活。

也許有人會說這是理所當然的，但是這件理所當然的事，我們有時會遺忘。我有時也會猛然察覺，我任意地以自己的尺來衡量孩子的日常生活，不過這麼一來，就無法真正地理解並接納孩子不是嗎？

以孩子的視線來觀看事物很困難，但我們能夠訓練自己擁有「以孩子視線高度觀察的能力」。尤其是孩子年幼的時候，體驗一下從孩子視線的高度來觀看事物，你會有許多發現。

例如，**和喜歡火車的孩子，站在火車駕駛座的後方，然後半蹲採取和孩子相同的高度注視鐵軌。或是和孩子以同樣高度的視線，玩扮家家酒。**你會發現不論鐵軌還是家家酒的玩具，都出乎意料地大，簡直就是戲劇性的變化。

或是更換餐桌的位置，坐在孩子的位置，也可以坐在孩子房間的椅子上，看看房間裡的物品。喜歡寫作的人，不妨從孩子的角度寫寫看「孩子會寫的日記」，例如：「今天我和媽媽一起去買東西……」。在孩子的眼中，這些一起經驗過的事或自己的言行，在孩子眼中會如何呈現，光是想像也意義非凡。

場景4 「弟弟（妹妹）最詐了！」

「爸爸媽媽比較疼弟弟（妹妹）！」「弟弟（妹妹）都霸佔爸爸媽媽」會有這種想法的孩子不在少數。反過來說，排行最小的孩子也可能抱怨：「都是哥哥（姊姊）佔到好處。」

兄弟姊妹這樣的心情，不妨親子一同進行思考三步驟。另外，對於沒有自信的孩子，也可以單獨運用步驟三。

「什麼時候會讓你這麼想呢？」

首先以步驟一確認事實，確認孩子有什麼不滿。例如姊姊認為爸媽比較疼弟弟時，可以溫和地問她：「什麼時候會讓你有這個想法呢？」

父母認為「姊姊大概會很討厭這件事」和孩子實際上感到不滿的部分，有時並不相同。另外，有時也可能是孩子的誤解。不論是哪一種情況，都儘量設法讓孩子具體說出：「我不喜歡這件事。」**如果是孩子誤解時，可以適時解釋說明：「原來你有這種想法，你一定很難過吧？其實……」**

孩子在說「不喜歡這件事」時，有時面對父母會說出：「我不喜歡爸爸媽媽！」所以營造一個孩子容易傾訴的環境非常重要。你可以運用心情溫度計或是表明：「不管你說什麼媽媽都不會生氣，我想知道你在想什麼？煩惱什麼？你可以告訴我嗎？」

「為什麼你會這麼想呢？」

明白孩子有什麼不滿之後，就進行步驟二，**詢問孩子原因：「為什麼覺得弟弟很詐呢？」有時候孩子說出的原因可能停留在第一步驟，這時必須再次確認。**

假設孩子回答：「弟弟總是霸佔媽媽，我要忍耐或是必須一個人做的事情很多，只因為『弟弟還小』，所以和媽媽在一起的時候很多，而且很多事也是媽媽幫弟弟做。」只要說出某個程度的原因就可以，沒有必要再打破砂鍋問到底。

「想想看如果光憑你一個人，能做到什麼程度呢？」

步驟三，協助孩子跳脫「自己很吃虧」這個負面觀點，站在正面觀點「我也有很棒的一面」來思考。在年幼的孩子身上花了較多時間，或是較關心正在準備升學考試而忙碌的孩子，這些可能都是無可奈何的事。很多時候只要改變觀點，看看正面的部分，就能打開另一條道路，任何事都不可能只有負面而無正面。

對弟弟妹妹不滿的孩子，你可以說：「你已經長這麼大了，就是因為你長大了，所以媽媽不用幫你你也做得到的事情增加了。想想看：你一個人可以做到哪些事？」

至於認為哥哥姊姊很狡猾的孩子，不妨說：**「你想一想，平時身邊的人為你做了哪些事？」**另外，類似的提問也可以用來詢問缺乏自信的孩子（包括獨生子）：

「你有許多很棒的優點，想一想你能做到的事及你擅長的事有哪些？」

父母在告誡較年長的孩子時，常會說：「因為你是姊姊，所以你要忍耐。」「因為你是哥哥，這是當然的不是嗎？」我認為儘可能不要這麼說。因為長大了所以應該要忍耐，即使是正當的理由，也只會激發孩子反感：「又不是我自己想當哥哥（姊姊）的！」

要是有人對我說：「因為你是姊姊……」我也會覺得很討厭，我會認為這並沒有把我視作獨立的一個人來看，而是只看到「姊姊」的角色。

「全部有多少呢？」

接著，當孩子思考「能做到的事」以及「別人為自己做的事」時，建議讓孩子寫下來。還不會寫字的孩子，則由父母把孩子說的話寫下來。寫在紙上就能清楚得知：「我可以做到這麼多事」、「我得到這麼多人的幫助」。

孩子到了某個年齡以後，「自己換衣服」等事情變得理所當然，因此不會列入「做得到的事」的範圍。我的女兒就是這樣。我跟她說：「寫下你做得到的事。」她很難過地說：

「我只想到三件事。」於是我說：

「才不是呢。你每天自然而然做到的那些事，也是你『做得到』的事不是嗎？換衣服及準備工作，以前你小時候本來做不到，因為你拚命努力，所以現在才做得到喔。你不覺得很厲害嗎？就算是你覺得本來就應該做得到的那些事，也全部寫下來看看。」

包括「理所當然的事」列出來後，再問孩子：「全部有多少呢？」這是為了讓孩子清楚知道：自己能夠做到的事情有這麼多。

順帶一提，我女兒對於她能做到的事「竟然有三十八件」感到很驚訝。事實上，數字的多寡並不重要，不管是五件還是五十件，「你能夠做得到這麼多不同的事情，你不覺得很厲害嗎？媽媽覺得很厲害喔，我覺得你長大好多耶。」請你由衷地給予肯定。

讓孩子寫下「做得到的事」，增強自信心

這並不需要演技，孩子從出生到現在，能夠有這樣的成長，是為人父母再次感受的機會。把「別人為我做的事」列出清單後，**可以對孩子說：「有這麼多人幫助你，你不覺得很厲害嗎？為什麼大家會為了你，這麼幫你呢？」**

發自內心給予肯定後，可以對較大的孩子這麼說：「能夠做到這麼多事，就代表你已經長大了，當越長越大時，開心的事、做得到的事也跟著增加，相對的，不得不忍耐的事也會增加。我能了解你羨慕弟弟的心情。媽媽已經知道你的心情，所以媽媽以後會注意。不過，你就是你，媽媽希望你能夠更了解：『我就是我，我很棒』。」

對於較年幼的孩子，則不妨告訴他：「有這麼多人幫助你，那是因為大家很喜歡你哦。你不覺得自己的每一天都很棒嗎？媽媽也會注意不要只對哥哥比較特別。」

停止比較，孩子才能自信成長

兄弟姐妹之間難免會互相比較，有時候也會把自己的孩子和其他孩子比較。你是否也曾有過這樣的想法：「哥哥做得到，弟弟卻沒辦法」，或是「為什麼我的孩子就是沒辦法像A那樣用功呢？」每個人的長相不一樣，性格、才能、想法也各自不同。任何人都有他的獨特性。如果每個人都一樣只會用功讀書，這個世界一定變得很無趣。

認同孩子個性的第一步就是「不要比較」。父母一比較，孩子會很敏感地察覺，而一旦察覺，就會失去自信。「你就是你，你很棒。就算有很多事情還不拿手，我仍認為你是任何人都無法取代的。」你一定很希望把這個想法，以及不比較的態度，讓孩子知道對吧？如何依據孩子的個性給予教養，我們將在下一章討論這個問題。

第五章

這樣提問，
讓孩子自己找到解決方法

父母問對問題，有效緩解手足爭執

孩子吵架時，你是否只會說句「趕快和好！」來收場呢？

本章要說的是「親子如何共同思考孩子的煩惱」為主題。以爭吵來說。孩子之間的爭吵，最好是在一旁觀看孩子自行解決。實在僵持不下時，才輪到父母出場。當然這並不是由父母來主導爭吵的成敗。**爭吵是面對自己的心情，並且努力思考對方的心情最佳時機，而且也是對自己的意見負責，學習討論的機會。**

而孩子能藉由父母的「提問」確實學習，不光是孩子吵架，其他的情況必須藉由什麼樣的具體提問才有效，我將以「深入思考三步驟」為基礎來說明，養兒育女本來就不是一件容易的事。不過，正因為沒有標準答案，所以才必須自己思考找出答案，當父母感到疲憊時，改變觀點也很重要。接下來我想談的是遇到教養子女的煩惱時，父母如何讓自己放輕鬆的思考方式。

場景5 當孩子們爭吵時

「發生什麼事了？說說看！」

想像一下手足發生爭吵，或是孩子和來家裡玩的朋友吵架時的情況。首先要做的是和孩子一起看見「爭吵的全貌」，不論父母親是否知道爭吵的來龍去脈，還是要集合所有當事人，「發生了什麼事，說明一下」聆聽他們說的話。

集合所有的人，聆聽他們說的話，就能傳達「我會公平對待大家」的訊息。而且，如果有更多觀點，就更容易掌握事情全貌。若是和大家一起看到事情的全貌，或許就能注意自己對於爭吵的解釋有偏頗。

比方說，A和B吵架，A說：「B打我。」但B卻說：「我沒打他。」像這樣雙方說法不同時，一邊詢問孩子：

「真的有打人嗎？」

「你說的打人，是什麼感覺？」

一邊聆聽孩子的說詞，在聆聽的過程中，漸漸就能看清真相。吵架之後孩子容易變得的情緒化，有時也會打斷別人說話，只顧著自己說，這時不妨提醒孩子「不可以打斷別人說話」的規則（四十九頁）。

聽孩子報告的時候，要注意自己是否「就像製作重播畫面一樣，客觀收集情報」。如同第三章所說，**必須區分事實和意見，運用5W1H詢問不清楚的部分（例如「是以什麼樣的感覺說了○○」），儘可能客觀掌握整件事的狀況。**

這裡先以姊弟間的爭吵來想想看。聽了姊弟雙方的說詞，一開始兩個人玩得很開心，不久之後因為玩膩了。兩人商量玩別的遊戲。弟弟說：「我們來跳繩。」姊姊卻露出不太想玩的神情。過一會兒以後姊姊提議：「玩牌不是比跳繩好嗎？」結果弟弟很生氣：「我才不要玩什麼爛牌，為什麼每次我說什麼，姊姊都反對！」姊姊也不甘示弱：「哪有每次？你還不是一樣，現在也說的我意見不好！」

親子思考有關爭吵的狀況，是採用「深入思考三步驟」的變化版。本來的順序是：一、進行理解→二、暫時推定意見→三、思考還有沒有其他的想法，提出能夠心悅誠服的答案。不過，處理爭吵時，則是以一→三的順序進行。

雖然說應該以步驟一來看到全貌，但因為剛吵過架，無法立刻進入「思考模式」，因此只要一確認「原來是這麼回事」，就有必要緩和因為吵架而僵持的氣氛，因此直接跳到步驟三。從各種角度提問，然後問孩子：「你覺得呢？」探詢孩子的意見及原因。

為了緩和因為吵架而僵持的觀點，注意「站在對方的立場思考」，以及「意識原本的目的」兩項能夠達到成效。

站在對方的立場思考

「想一想：如果立場相反的話……」

「怎麼樣？你是什麼心情？」

以剛剛的姊弟吵架來說明。先向兩人確認究竟兩個人氣的是什麼？例如，問姊姊：「你是因為弟弟說『我才不要玩什麼爛牌』所以不高興嗎？」問弟弟：「你提議玩跳繩，姊姊又反對所以覺得不高興是嗎？」確認後告訴他們：「那麼，站在相反的立場看看……」

光是說「站在相反的立場」，孩子可能搞不懂，父母不妨具體加以說明，告訴姊姊：「假設你說要跳繩，但弟弟卻露出不太想玩的表情，告訴你『我們來玩牌』，然後你很介意以前也有好幾次提議對方都反對。」

對弟弟說：「你說玩牌不是比跳繩好玩嗎？姊姊就突然生氣了。」然後問兩人：「怎麼樣？你是什麼心情？」

站在對方立場重新思考後，多數孩子都能發現自己的言行絕對不是一個令人愉快的行為。另一方面，當父母問：「什麼樣的心情？」有時候孩子因為礙於當時的氣氛，而回答「覺得不高興」等內容。為了讓孩子確實思考，詢問「什麼心情」時，不要忘了詢問孩子原因。

「那麼，該怎麼辦呢？」

比方說，站在姊姊立場思考的弟弟說：「要是姊姊這麼做，我會覺得不高興，因為我覺得不需要那麼生氣啊。」這時你可以先說：「或許就是這樣。」先接納意見，然後問他：「那麼，該怎麼辦才好呢？」

要是孩子無法回答出這個提問也沒關係。**這裡的重點並不是提出解決對策，而是從「該**

怎麼辦才好」的觀點，用心想像對方的心情。當然，要是孩子說：「不需要那麼生氣就好了。」也要接納他：「說的也是，你很認真想呢。」

意識原本的目的

「對了，你們本來是想做什麼？」

原本一起玩得很開心，因為偶然一件事而爭吵，完全忘了原本的目的，這是常有的事，回溯演變成爭吵前的狀況，這對姊弟也是這樣。原本目的是「我們來決定要玩什麼」。因此我問他們：「對了，你們本來是想做什麼？」

詢問孩子「對了，你們本來是想做什麼？」**是為了讓孩子想起來，爭吵時雖然覺得對方很討厭，但其實他們對彼此有多麼重要。**同時，因為思考原本的目的，也能讓氣到昏頭的腦袋冷靜下來。

問孩子「你們本來想做什麼」，大多能使孩子回過神來，我們家已經有無數次經驗，當我這麼一問，孩子們就會猛然發現：「啊！我們本來在玩。」

「那麼，怎麼辦呢？」

緩和僵持不下的觀點，接著問孩子：「那麼，怎麼辦呢？」

要是孩子能回答：「我們會好好商量接下來要玩什麼。」就能交給孩子自行決定，爭吵之後如何對話，基本上我認為可以交給孩子自行處理。要是孩子仍然很彆扭，為了讓他們能夠好好對談，可以由父母來提問：**「姊姊覺得怎麼樣？」**

假設孩子對談後的結果決定：「來玩上學遊戲！」這時可以問孩子：

「玩上學遊戲對吧？等一下不會再說『要是玩跳繩就好了』對嗎？玩上學遊戲要是跟你們想的不一樣，也不會生氣？**這是你們自己決定的，是不是做好心理準備了呢？」**

決定玩上學遊戲，是經過吵架↓種種思考↓彼此對話的漫長道路而達到的重要意見，就算有點囉唆也沒關係，要確認孩子是否能負起責任。透過這樣的溝通過程，孩子能夠深切體會到「吵架能透過溝通解決」，而且也能學會「重要的意見要有負責任的心理準備」。

透過爭吵，學習討論

爭吵也是學習討論方式的好機會。進行討論的第一項是「離題」。上述的姊弟爭吵，其中也有「離題」，你發現了嗎？

弟弟：「我才不要玩什麼爛牌，為什麼每次我說什麼，姊姊都反對？」

姊姊：「哪有每次？你還不是一樣，現在也說我的意見不好！」

原本是討論接下來要玩什麼，但是提議跳繩被否定的弟弟反駁：「我才不要玩什麼爛牌」，問題是接下來說的「為什麼每次我說什麼，姊姊都反對？」而姊姊也反駁：「你還不是一樣，現在也說我的意見不好！」談話的主題，從原來的「接下來要玩什麼」，偏離為「所說的意見遭到反對」。

因為主題偏離，所以原本想商量的事情就無法順利聚焦。孩子要是在你面前吵架而離題的時候，請你問孩子：**「你們講的內容變了不是嗎？現在說的和剛剛有什麼關係嗎？你們本來要商量的是什麼？」**這不僅能夠學習討論能力，也能學習如何抓住本來的目的。

思考的人不能做的事

一開始吵架，有時候會說出「我說的絕對沒錯」。「我說的話」通常都是個人的意見，所以武斷地說「絕對沒錯」不是很奇怪嗎？

如果孩子說：「我說的絕對沒錯。」請你提醒他這世上沒有正確的意見：「你說的話只是你的意見，並不能說是正確的意見喔。」

「絕對沒錯」這句話的背後意義，有時指的是「不需要聽別人說什麼」。這時候不妨說：「意見透過和其他人討論，能夠得出更棒的結果喔。」

另外，要是孩子說對方「他絕對認為○○」，也要告誡孩子：「對方想什麼你全都知道嗎？你看得到嗎？」或是說：「你不可能變成其他人喔。那麼你為什麼說他絕對認為○○？為什麼你可以這麼肯定呢？」讓孩子了解：每個人都是不一樣的。

場景6 「我討厭A！」

「A做了什麼呢？」、「他說了什麼？」

先就步驟一確認事實，詢問孩子：

「那個討厭的朋友實際上做了什麼？說了什麼？」

「討厭他什麼地方？」（這個流程也可以用在發生「討厭的老師」狀況）

要是孩子的說法把極端的事普遍化：「他每次都〇〇」（例如「A每次都很任性」）有必要問孩子：「真的是每一次嗎？」不過，除此以外，這個階段就算無法客觀掌握「A的全貌」也沒關係（客觀觀察的工作，在步驟三進行）。

即使孩子說了「A很任性」這類個人主觀意見，也不要急著說：「那是你的個人看法不是嗎？實際上真的是這樣嗎？」**我認為應該先讓孩子傾訴「討厭」的心情比較適當。我並不是鼓勵孩子討厭其他人，而是為了接納孩子的心情。**

每個人總會遇到討厭某個人的時候，我希望能讓孩子了解：「覺得某個人很討厭是無可奈何的，問題是如何處理自己的情緒」。

「為什麼你覺得很討厭？」

其次是步驟二。這時候的態度也要抱著「讓孩子傾訴討厭的心情」。因為「討厭」就是一個意見，所以問孩子：「你為什麼討厭他？」或許討厭的原因你在步驟一已經了解了，這時仍必須再次確認。或許孩子會說：「其實也不能說討厭……就是不喜歡。」這時候仍要先接納孩子的情緒，問孩子：「為什麼不喜歡呢？」

有時也會遇到不知道討厭的原因，不知道原因卻不喜歡，這也是一種壓力。

要是孩子說：「不知道為什麼，總覺得不喜歡」，父母請協助孩子把原因設法用言語表達出來。如果父母對「討厭的孩子（例如A）」知情，**可以就所知的訊息，以步驟一的方式問過孩子後得到的訊息，說出由父母觀察到的「A」也是一個方法**。

你可以說：「A可能『看我！看我！』的心態比較強烈吧？他或許很希望別人把注意力放在他身上。」父母說的成為提示，或許孩子會發現：「對，我很在意的可能就是這一點。」不過務必要注意不能武斷地說「A就是這樣一個孩子」。

「看看A的優點吧！」

接下來是步驟三，因為之前說一直A的「缺點」，接下來把焦點放在「優點」。你可以說：「我已經知道你討厭A的什麼地方了。不過，A應該不會只有缺點吧？這世上不會有人只有缺點沒有優點，接下來我們也看看A有什麼優點吧！」

孩子很容易把討厭的人＝絕對的壞人當作公式。這條公式只要稍加思考就知道無法成立。「好人」、「壞人」原本就是主觀而對立的看法，為了讓孩子了解這一點，我經常以懲惡揚善的動畫為例。「從正義的英雄來看，壞蛋的確是很壞，不過若是從壞蛋的角度來看，正義的英雄才是壞人。因為壞蛋想做的每一件事，英雄都來破壞。」

不過，孩子可能會反駁說：「壞蛋想摧毀世界，所以他們真的是壞蛋啊！」這時候要告訴孩子的是「世界上沒有任何人是連一個優點也沒有的」。例如，就算是殺了十個人的大壞蛋，說不定他剪指甲超厲害……等。**為了搖撼孩子的想法，我認為舉些極端的例子來說明也無妨**。要找出「討厭的人」優點，不妨寫在紙上。雖然認為是「壞人」，不過拚命想一想，還是有這些優點，能夠以視覺確認。

如果孩子想不太出來對方的優點，父母不妨舉具體實例來說明「其他觀點」。以前我曾和一個煩惱著「老師很嚴格又很無趣」的女生（當時小學四年級），一起思考那位老師的優點。當時那個女生堅持：「那個老師沒有什麼優點！」於是我說：「老師如果很嚴格，從學生的角度來看或許會覺得他很壞。不過同樣都是老師的我來看，我並不認為是壞事。他什麼地方很嚴格？是罵人的方式？還是個性？」於是女生說：「教學方式吧？啊……認真教書說不定是那個老師的優點。」

要發現討厭的人身上的優點，就是要努力去了解當事人。這麼做能夠擴展自己只看見「壞的一面」的視野。不過，也有可能無論怎麼努力去了解對方，還是無法喜歡對方的情況。就算這樣也沒關係。了解對方的好與不好，但仍然「討厭」的話也無可奈何。或許是「壞」的規模過度龐大，又或許是彼此磁場不合。不過，當發現對方的優點時，或許討厭的心情就不會再那麼強烈。重點是希望孩子不要過於武斷，同時能夠學習努力去理解對方是件要緊的事不是嗎？

場景7 不想去才藝班，不想上學

「為什麼不想去呢？」

孩子表明不想去才藝班、不想上學時，通常「不想去」的心意已經十分強烈，這時先接納他的心情，接著再問：「為什麼？」找出原因。因為很多時候根本沒有發生任何事，孩子只是因為覺得麻煩、膩了，所以就不想去。

詢問原因後，大致理解「實際上發生了什麼事」。這個狀況大概是步驟一及步驟二同時進行的感覺。例如，B表示不想再去游泳教室，問了之後，假設得到以下的答案：「有其他小朋友在嘲笑我，他們兩個人偷偷地指著我在笑。」

光是這樣還是不太清楚，所以為了了解事情的全貌，使用5W1H，溫和地向孩子提問。這不光是運用在「不想去」的案例，父母經常會搞不清楚孩子陳述的狀況是不是真的。有時候只是覺得很麻煩，可是照實說會被罵，所以就編出一個理由，我小時候經常這麼做。

先不管孩子有沒有說謊，父母必須要做的，就是先徹底傾聽孩子的話。就算孩子說的原因可能有造假，但「不想去」的心情卻是真的（而且，早晚有一天謊言會被拆穿）。

另一方面，有時候孩子會坦白說出「因為想看電視」、「希望有更多時間打電動」所以想停上才藝班。為人父母當然都想立即否決，不過還是希望你能運用前一章所介紹的「說服我看看」的方式（一一八頁）。

「你已經好好告訴對方了嗎？」

要是掌握事情的全貌後，接下來要確認的是：孩子是否做了應做的事。

以B的情況來說，B是否要求嘲笑他的兩個人：「不要這樣！」或是有沒有把他的煩惱，告訴游泳教室的老師。問清楚：「有沒有確實告訴對方？」「有跟老師談過了嗎？」

如果這些孩子該做的事還沒做，可以鼓勵孩子：「你先找那兩個人說說看。如果你不說，對方不知道你覺得很討厭。**要是跟他們說了他們還是不理，也可以拜託其他人幫忙，或是再和媽媽商量。不過，還是先從你做得到的事做看看！**」

接著便進行步驟三。

「要是目前的情況繼續下去，你可以忍耐嗎？」

去做應該做的事，有時候也需要勇氣。有時候也很難判斷是不是真的應該去做。B說不定認為與其找看起來好像會欺負別人的那兩人談，不如忍耐算了。

應該忍耐？還是去做該做的事？為了找出自己能接受的答案，一定要面對自己的心情。不是問孩子：「你覺得去做應該做的事比較好嗎？」而是問他：「假設現在的狀況持續下去，你可以忍耐嗎？還是不能忍耐呢？」

「應該做的事」是一般人能夠接受的「正確答案」，去做當然比較好。**但是實際要付諸行動的是自己，不論答案多麼正確，真的不想做就不需要去做。**因為不去做，所以就算發生難以收拾的後果，只要自己確定：「是自己決定不做的，只好接受後果。」那麼，不去做也沒關係。

雖然不想做，只因為是「正確答案」而勉強去做，結果不順利時，很容易把責任怪罪到其他人身上，抱怨：「我本來是不想做的。」**如果是經過思考而得到的答案，自己負起責任，具有這樣的思考力，就不會遷怒他人。**

不想上學或不想去補習班，是孩子人生中的一件大事。因為是一件大事，所以要讓孩子面對自己的內心，做好心理準備，得出「自己的答案」，這麼一來，孩子也能建立自信。

不妨對孩子說：「要是這個令人討厭的情況持續下去，但你可以忍耐，那麼什麼都不用做也沒關係；不過要是這個狀況繼續下去讓你不舒服，你還是確實地先做好該做的事。」

為了讓孩子得出自己能夠接受的答案，不妨問孩子可以預測未來的問題：

「要是忍耐的話，會變怎麼樣？」

「要是跟對方談一談會怎麼樣？」

我常對小學中年級以上的孩子說：「想想看，當你變成老爺爺（老奶奶），回想自己的人生，會不會後悔『啊，我讀小學時，要是能把事情說清楚就好了！』」這也是一種「未來的預測」。

接著再告訴孩子：「你好好地想想希望怎麼做，就算現在沒辦法立刻回答也沒關係，想到答案時再告訴我。」

當孩子說出答案時，確認他是否為這個答案做好心理準備。協助孩子確認：不論是忍耐，或是決定去做該做的事，「決定之後就要努力喔」。

「要是不去，會變怎麼樣呢？」

該做的事都做了，孩子仍然表示不想去或是難以果斷決定時，請你試著問：

「不去的話，會怎麼樣？」

「在游泳教室（或學校）有哪些開心的事呢？」

「為什麼要去游泳教室（或學校）呢？」

「要是不去，會變怎麼樣呢？」的提問，可以讓孩子思考如果實際不去，會發生什麼事。「在游泳教室（或學校）有哪些開心的事呢？」則是原本只看負面的教室，能夠從正面角度去看。

另外，**「為什麼要去游泳教室（或學校）呢？」這是最後決定要去或不去的重要提問。為了決定去或不去〇〇場所，就一定要了解為什麼去？為什麼原先有必要去？**

當孩子說不想去才藝班或學校時，思考「為人父母希望怎麼做」也很重要。這也是一種

「家庭守則」。如果是才藝班，想一想這個時期不上也沒關係嗎？還是你希望孩子能再努力上一段時間呢？無憑無據地要求孩子一定要去才藝班，缺少說服力，身為父母親希望如何處理，應該審慎思考。

我兒子上小學以後沒多久，早上就哭著說：「不想去學校。」似乎是因為緊張再加上新環境，讓他快崩潰了。當時我把身為母親的想法，用剛剛說的三個問題來問他。我希望兒子能夠「在這個階段堅持努力，適應新環境」，因此我和兒子是這麼對話的：

我：「其實我也很想對你說『今天不去學校也沒關係』，不過，要是今天不去學校會變怎麼樣呢？會不會變成：明天也不想去所以請假，到了後天還是不想去又再請假？對了，為什麼大家都去上學呢？」

兒子：「因為想要學會寫字、唸書、交很多朋友。」

我：「嗯。你說的對。我也覺得是這樣。那麼，如果不去上學會變怎樣？」

兒子：「就不會唸書，也交不到朋友……」

我：「去學校有沒有什麼開心的事呢？」

兒子：「……可以背很酷的書包。」

我：「能有一件讓你覺得很酷的事，真是太棒了！學校或許還有更多更酷的事、更開心的事在等著你。你只去了學校一天喔。要是今天請假，結果連學校發生什麼開心的事都不知道就結束了，那不是太可惜了嗎？」**雖然帶點強迫，不過之後兒子說：「我想一下。」最後還是去上學。令我覺得兒子雖然還小，仍然憑著他自己思考得出他能接受的答案。**

讓孩子「自己做決定」很重要

「去不去上學」、「要不要停上才藝班」最後都一定要讓孩子決定。這是為了避免孩子往後遇到不順遂，怪罪周遭的人。**明明是自己的事，打算自己決定，卻因為別人替自己決定，而後怪罪他人就太悲哀了。務必跟孩子確認：「對於決定的事能負起責任對嗎？」**

然後當孩子經過自主思考對自己的選擇負責時，請你好好地讚美他。就算是成人，也未必能夠輕易做到。而且，為了讓孩子了解「你不是孤軍奮戰」，不妨這麼告訴孩子：「照你的決定去做，要是進行得不順利，再跟媽媽或其他人說請幫幫我。只要你盡力去做該做的事，就算開口求救，也不是懦弱而是很棒的一件事。沒問題，大家都會幫你加油。」

場景八　想克服不擅長的事

想克服不擅長的事、想改掉自己的缺點……會主動這麼說的孩子我想應該不多。不過有時因為學校的老師提出批評，孩子可能會告訴你：「為什麼我沒辦法好好聽其他人說話呢？」另外，有時可能是父母不經意的一句話（例如為什麼你老是把東西弄丟呢？）孩子可能因此而想改變。遇到這種情況，請試著運用以下的對話，和您的孩子一起練習，相信不論當事人或父母，一定會更加喜愛孩子的個性。

這個場景，不使用前述的三步驟來進行，而是應用三步驟的重點「理解」、「抱持意見」、「思考其他方式」來提問。

什麼是個性？

假設有個女生D，是一個任何事情都按照時間執行的孩子。「任何事都依照預定時間完成」是D的「優點」，但另一方面，D是個急性子，這是她的「缺點」。

很多人會以優點、缺點來判斷孩子。看到孩子表現出優點，就誇讚孩子：「真是個好孩子」，如果孩子表現出缺點，則批評「真是個傷腦筋的孩子」。不過，孩子當然不是因應場所一下子變身為「好孩子」，一下子又變身為「傷腦筋的孩子」。

我認為優點或缺點，只是某種個性在某個場合表現出來的狀況而已，優點及缺點並不是

在一個人身上各自呈現獨立的特質。同一個性，在某個場合看起來是「優點」，到了另一個場合可能變成「缺點」。

D能夠在預定時間內把準備工作和習題作完，以及催促朋友「快一點好不好」的急性子，只是情況不同，但都是她「做任何事都想快點完成」的性格展現。

「優點」的那一端是……

我和孩子們一起思考「缺點」，經常要孩子想像棒子的圖像來說明。你的優點是○○，然後，往○○的前端看過去，則是你想改變的△△。優點和想要改掉的缺點其實是相連的。常有人把優點和缺點以「表裡兩面」來比喻。但「裡」這個詞彙，感覺似乎帶著負面印象。我認為以棒子來比論優缺點是相連的，應該很容易明白。

為了讓孩子更容易了解優缺點是相連的，可以先以自己或家人的「優缺點」來說明。以前兒子曾經跟我訴說他的煩惱：「為什麼希望對方不要這麼做的事，我卻沒辦法好好地向對方說『不要這樣！』呢？」

「媽媽不管怎麼忙，都會在七點前準備好晚飯不是嗎？不論任何事都會照預定時間做好是媽媽的優點。不過，媽媽的優點一直往前端看過去，無法照時間完成時，媽媽就會很焦慮，這是媽媽的缺點。姊姊的情況呢？做任何事都很專心是姊姊的優點。可是你往優點的那一頭看過去，就會發現因為太專心，所以其他的事都忘了，這就是姊姊的缺點。」

理解孩子的優缺點是一體兩面、相互連結

兒子點點頭說確實沒錯，似乎同意的樣子。於是我繼續說了。

「你的個性很體貼，是媽媽想模仿也模仿不來的體貼。那是你的優點，如果從這個優點的往那一頭看過去……，就是因為太體貼了，所以沒有辦法對別人說『不要這樣！』吧？」

也許我對兒子的個性，很可能解釋有錯誤。也許無法說出「不要這樣」，只是因為兒子很膽小。不過，我認為父母對於自家孩子的個性，只需這種籠統的程度就夠了。當孩子逐漸長大，個性也會發生微妙的改變。而且，再怎麼說是自家的孩子，畢竟每個人的性格都不同，並不是能輕易了解的一件事。

身為父母親重要的是了解「就是因為這孩子有這個優點，所以在某些情況下會變成『缺點』，不論表現出什麼樣的態度，都是我家無可取代的孩子」，並且努力去理解孩子的個性。為了理解孩子的個性，**平時就不要把焦點光是關注在「缺點」，有必要好好地看著孩子。不要受到父母描繪的「理想子女的圖像」所影響，信任孩子也是件重要的事。**

兒子剛出生時，大女兒很愛吃兒子的醋，我當時也有過一天到晚只看到女兒缺點的時期。當時我跟老公抱怨：「我已經累慘了」結果老公回答我：「要更相信自己的孩子」，我因此鬆了一口氣。「缺點」為什麼表現得這麼強烈？雖然是缺點，但其實和女兒的優點是一體兩面，更仔細觀察、審慎思考，就能更加信任女兒。

當孩子能夠接受優點和缺點是互相連結時，不妨對孩子說：「既然優點和缺點是互相連結時，所以也無可奈何。但是，若是想改掉缺點，可以找媽媽商量，我會幫你的。」然後促使孩子自行決定到底想不想改掉缺點。

要是孩子經過仔細思考後，決定改掉自己的缺點，就要讓孩子有心理準備。「媽媽會全力支援你。不過，**媽媽再怎麼樣只能盡我的力量支援，實際上還是得靠你自己努力喔！你做得到嗎？」給予鼓勵的同時，也要問孩子是否做好心理準備。**

以爺爺奶奶的視線看孩子

教養子女有時候也會感到疲憊不堪。看到孩子的「缺點」，有時也會覺得煩躁。這時候希望你能試著以爺爺奶奶的觀點來看孩子。

爺爺奶奶常會說：「這孩子真是好孩子。生出這麼好的孩子，你們真幸福」、「孩子還小的時候帶起來雖然辛苦，現在是最好的時期，要好好珍惜這段時間。」正因為和孫子在年齡有段距離，也因為他們是過來人，所以更能說出深富道理的話。

有時候也忍不住想反駁，說什麼「現在是最好的時期」，然而，教養兒女的大前輩既然說「這孩子真是好孩子」、「拚命養育的時候，是最好的時期」，何不借用他們的智慧，偶爾也從他們的觀點來看孩子又何妨。

孩子不聽話、筋疲力盡的時候，想要大叫希望有更多自己的時間時，借用爺爺奶奶的觀點，**稍微拉開一點距離來看孩子，或許就會覺得「能夠和孩子這麼密切相處的時候，大概只有現在了。」**

另外，孩子在玩的時候，和孩子一起走路的時候，從爺爺奶奶的觀點來看，或許就能重新體會到：孩子還這麼小、孩子長這麼大了、這麼努力地活下去、孩子如此依賴自己等狀況不是嗎？

第六章

透過每天的對話，
孩子就能有這樣的轉變

讓孩子描述喜愛的事物，刺激思考力

許多父母看到孩子熱衷看電視或打電動而擔心，我完全體會父母希望孩子能多動腦或運動的心情。花太多時間看電視或打電動當然不好，不過，**好好地決定時間及內容，只要父母願意下工夫，仍然可以幫助提升思考力**。例如，親子如果一同討論觀看的電視節目，就能訓練邏輯能力、想像力及表達能力。

另外，把電玩作為「如何向爺爺奶奶簡單說明是什麼樣的遊戲」的主題，就可以成為描述能力的訓練，先有思考力才能達到良好的表達能力。

孩子對於喜愛的事物滔滔不絕說個不停，有時甚至會覺得很吃驚，孩子竟然可以一直說個沒完沒了都不會覺得膩。**描述遊戲的主題，或是有關電視節目對話的設定，都可以算是對**

於「一說到電視或遊戲的話題就不會膩」的孩子，採取逆向操作。

前面的章節是以孩子遇到麻煩該如何思考的情況為主軸。本章的主軸則是「快樂思考、快樂表達」。包括「說說將來的夢想」、「逆推時間，以便準時赴約」、「盡情談論電視或電影」、「以最喜歡的遊戲訓練描述能力」、「精確報告重要的事」、「這兩件東西，是什麼樣的同伴？」等六種情況。那麼，接下來分別就不同情況如何提問加以說明。

別急著否定，欣賞孩子天馬行空的想法

光是聽孩子們述說未來的夢想就是一件樂事。不過，既然有這個機會，不妨在孩子述說夢想時，也同時享受思考的樂趣吧！

「長大了想當什麼？」

對於未來的夢想提問時，大部分都可以省略「深入思考三步驟」的第一步驟，直接從步驟二（附帶原因的意見）開始。先問孩子：「長大後想當什麼？」

只有在孩子不太了解職業內容時，才需要進行步驟一（理解）。例如孩子說：「我想成為糕點師傅！」要是孩子似乎不是很清楚糕點師傅，可以問孩子：「你竟然知道這個用詞，好厲害！**你可以告訴我糕點師傅是做什麼內容的工作嗎？」先接納，然後確認孩子是否確實知道職業的大致內容。**

孩子述說的夢想，對父母而言或許荒誕無稽，例如「建造一座太空電梯，和太空人一起踢足球」的夢想。太空電梯根本是做白日夢，而且，就算有一天能建造出來，也不可能和太空人踢足球……或許你會這麼想，**然而當孩子述說夢想時，拋開既定觀念，完全沉醉在孩子這些天馬行空的夢想也很重要。**夢想的第一要件，就是自由地述說。

「為什麼想當〇〇呢？」

接著，詢問孩子為什麼將來想做這些事。只要孩子說的原因不是「我也不太清楚」這種隨便的答案，什麼原因都沒關係。如果孩子回答的是「總覺得好像很棒」這類籠統的原因，可以進一步再問：「**『總覺得很棒』是什麼樣的感覺**」，讓孩子更具體地說清楚。

假設孩子說：「我想當老闆，因為當了老闆就會變成有錢人。」或許你會忍不住想說難道沒有更遠大的志向嗎？但無論如何請你都先接納孩子的原因。（就社會、倫理來看如果是不允許的原因，先接納後，問孩子：「你真的這麼想嗎？」加以確認）

對於孩子說的原因，詢問：「為什麼？」。如果是「想成為有錢人」，就問他：「為什麼想變成有錢人？」說不定孩子的答案是「變成有錢人，讓媽媽生活輕鬆一點」喔。

就如前文所說，最理想的狀況是能夠探究原因直到是「信念」或「事實」的程度，但是像「讓媽媽生活輕鬆一點」這類具體的原因出現時，也可以在這裡停下來。另外，詢問孩子：「只有這個原因嗎？」也很有效果。

不管是一個原因不斷深入探究，或是列舉多項原因，在這個狀況的討論，重要的不是「仔細思考」，而是「盡情訴說夢想」。能夠盡情地訴說自己的夢想，將會更興致高昂喲！當說了一段落之後，就可以進行步驟三（有無其他想法）。

「要是夢想實現了，會怎麼樣呢？」

先問孩子：「要是這個夢想實現了會怎麼樣？」這時候就算孩子的答案只是很籠統的「很開心」也沒關係。**繼續問他：「確實沒錯，一定會很開心。那麼，夢想實現了，你很開心，其他的人會怎麼樣呢？」甚至可以進一步問：「夢想實現的話，世界會變怎麼樣呢？」**將「未來的預測」範圍逐漸擴大。

過去在我的班上，我曾經要孩子思考自己的夢想。孩子的夢想包括：「獸醫」、「學校老師」、「維護日本的祭典」、「歌手」、「足球選手」等等，接著，我又一一問他們：「要是這個夢想實現了會怎麼樣？」孩子們回答：「生病的　狗會減少，動物和飼主都會很開心」、「大家都能很快樂的參加祭典」、「日本足球會變強」等。我繼續問他們：「那麼，若是這樣的話，你的家人、朋友、周遭的人會怎麼樣呢？」得到的回答是：「大家都會充滿笑容」、「大家都會很有活力」等。最後我又問：「周遭的人變這樣的話，世界會變怎麼樣呢？」這一次大家都一致回答：「世界和平！」孩子們全都哈哈大笑。我仍記得當時的狀況帶給我無限的勇氣。

要是夢想實現了，自己、周遭以及世界會變怎麼樣呢？述說夢想的最終意義，我認為就在這裡。**自己的夢想能夠對社會有貢獻，自己也是世界的一分子，光是能這麼想就能充滿力量。當自己的夢想彷彿遇到挫折時，孩子們應該能激發你振作起來。**

善用「逆推提問」，讓孩子找到生活常軌

上學時間、就寢時間、集合時間、與人會面。孩子的日常生活也充滿了許多「×點以前要做○○」的約定。孩子還小的時候，或許多半都是父母耳提面命：「不快點準備會遲到喔」。一旦孩子上小學以後，父母務必陪孩子一起計算學習「要怎麼樣才能準時赴約」。除了培養計算能力，也能養成現實生活中觀察事物，設定目標逆推的思考力。

「出門以前必須做哪些事？」

以「十點要到最近的車站和A碰面」為例來想想看。首先以步驟一確認事實，檢查出門

前必須做哪些準備。問孩子：「出門前必須做哪些事？」為了確認該做的事，不妨讓孩子寫下「待辦事項清單」。這能夠培養孩子獨立自主的能力。

清單除了可以列出「換衣服」、「準備好要帶去的東西」等事項，也可以寫下外出前最好要完成的事項，如「習題」、「隔天的準備」等。可以當天寫或前一天先寫下來。當完成清單的項目時，在上面劃線或是加上「完成」的記號，能讓孩子更有成就感。

「這些事分別要花多少時間？」

接著思考清單的每一個項目分別要花多少時間。

這裡的重點是實際花費時間的估算。小孩子常會把需要花五分鐘的事情估算為一分鐘，或是一分鐘就能做完的事估算需要十分鐘。**如果孩子一分鐘就能換好衣服，卻估算需要五分鐘，就可以提醒他：「你換衣服應該不會這麼久喔。」**

另外，有時候孩子憑感覺並不太清楚一分或五分到底是多久。這時候可以讓孩子比較他最熟悉的「時間」。例如，「你平時看的電視一集是十五分，連續三個五分加起來就是十五分。也就是說，把一集的節目分為三部分，最早的那一部分就是五分鐘」，或是「你每次刷牙的時間是一分鐘喔」。

「全部要花多少時間？」、「從家裡到車站要花幾分鐘？」

估算過後，再把每件事所需的時間加總，計算出門前的準備要花多少時間。如果孩子還不會算術，可以由父母幫他計算。另外，算術不太拿手的孩子，可以讓他把算式寫在紙上。計算完畢後，父母代為驗算，並且不要忘了給予肯定：「好棒！你算對了！」

接著再問孩子：「從家裡到車站要花幾分鐘？」如果孩子不知道，可以由父母告訴他：「走路大概需要八分鐘喔。」接著便可以進行步驟二。

「應該幾點出門？」、「應該什麼時候開始準備？」

先問孩子幾點出門比較好。還不會計算時間的孩子，不妨使用傳統的指針時鐘（如果沒有也可以畫圖）。「分針走到這裡是十點，這裡一格是一分鐘，從我們家走到車站需要八分鐘，所以需要八格對吧？如果十點要到車站，分針指到哪一格時出門比較好？」

得到幾點從家裡出門比較好的答案後，問孩子：「那麼，幾點開始準備比較好？」算式就是「（出門的時間）減（剛剛計算花在準備工作合計的時間）」。

讀到這裡，可能有人心想：「不是什麼事都能夠照預定的順利進行，時間是不是要更寬裕一點比較好？」一點也沒錯。不過，像這樣「成人的智慧」先不要急著說出來，透過接下來的步驟三，讓孩子自己思考，自己發現是很重要的。

「要是全照計畫做到了，會怎麼樣？」

假設按照步驟二計算的結果是：「如果十點要到車站，九點五十二分要出門」、「九點五十二分出門的話，九點四十五分開始準備就可以了」。從家裡到車站需要八分鐘，準備的時間是七分鐘，其中包括換衣服三分鐘，準備帶去的物品三分鐘，上廁所一分鐘。這時候問孩子：「要是全照計畫做到了，會怎麼樣？」

這麼一問，大部分的孩子可能都會說：「剛剛好來得及。」這時候，不妨可以告訴孩子：「九點四十五分開始準備時，『叮咚』門鈴響，快遞來了。啊，是奶奶寄的東西。是什麼呢？……因為很想知道，拆開包裹一看，不知不覺過了一分鐘。」「九點五十二分出門，剛好在半路上遇到另一個朋友，稍微聊了一下……竟然過了三分鐘。」**運用孩子日常經常會發生的偶然狀況來舉例，然後問孩子：「要是發生這些事，還來得及嗎？」偶然的狀況不知道什麼時候會發生，步驟二得出的「答案」，正是要讓孩子在這個時候去發現**（如果孩子在步驟二就已經推測偶發狀況，就不需要步驟三）。

孩子發現原本的計算不符現實狀況時，問孩子：「為了以防發生意外狀況也不會遲到，該怎麼辦才好呢？」每件準備工作多預留一分鐘，或是乾脆提前十分鐘都沒關係，連預留意外狀況的時間都計算好以後，再次讓孩子決定「開始準備的時間」、「出門的時間」。

不過，**孩子也有可能不會按照預定時間採取行動。但是我認為就思考力的培養來看，這就已經夠了，能根據現實來思考、計算就已經很厲害了**。要是到了預定時間孩子仍然沒有採取行動，不妨助孩子一臂之力，「已經九點半了，不開始準備的話，好不容易都計算過了，按照計劃試試看！」

討論電影、動畫，翻轉孩子的思考邏輯

思考電視、電影時，可以無拘無束地使用三步驟的重點：「理解」、「擬定意見」、「思考其他想法」。我要介紹的是「說說看印象最深刻的內容」、「多了解喜愛的出場人物」、「找出引起結果的犯人」、「預測故事的進展」等四項對話模式。每一個模式能夠發揮的能力不同，可以全部運用，或是單獨運用一項。

不過，我認為親子能一起觀看電視或電影最好。或許有人會感歎沒有那麼多時間，不過和孩子一起看，**除了能夠判斷「這個節目或電影是否適合孩子」，而且也能訓練自己從「兒童的角度」觀看事物**。我雖然不是很喜歡看電視，不過和孩子一起看電視則另當別論。能夠一起開懷大笑，一起討論，是教養子女無可取代的一環。

「最有意思的部分是什麼？」磨鍊發表意見的能力

動畫、記錄片、猜謎節目、電影等，不論任何電視節目或電影，最有效果的提問就是：「最有意思的部分是什麼？選一個講講看。」趁感動還沒冷卻以前，看完立刻詢問最好（這個提問也可以運用在參加大型活動或旅行結束回家後等狀況）。

「從印象最深刻的內容當中選擇一項，說明其中原因」是歐美的小學教授的代表性「書寫感想的方法」，這個書寫方式確實能夠達到很好的效果。比起籠統的「啊~好有意思」草草結束感想，「我認為最有意思的部分是這裡，因為……」的方式能夠訓練確實表達的能力。自行去察覺「這個部分很有意思」，感動的心情更容易紮根，內化成具體經驗。

另外，也可以問孩子「最感動（最厲害、最喜歡）哪個部分」來代替「最有意思的部分」。不過，**最好避免問：「最好的部分是什麼？」因為有些孩子對於「最好」這樣的詞彙容易聯想為「標準答案」，以致產生不說出「他人認定的標準答案不行」的壓力。**

此外，從其中選擇一個部分來陳述也是關鍵。如果允許孩子回答多項時，很容易演變成把覺得有意思的部分列出來就結束了。**只挑選一個部分，就必須拼命思考，是要講最後感動的一幕，還是有笑點的一幕。經過仔細思考而加以選擇。**

「為什麼覺得那裡最有意思呢？」

孩子確認一個答案後，接著問他：「為什麼覺得那裡最有意思呢？」這是為了把「我覺得○○最有意思」的發言，更清楚地形成意見。有時候也會發生：一開始覺得A是最有意思的一幕，但說明原因重新思考後，覺得B更有意思。

接下來，當孩子選擇了「最有意思的一幕」，並說明原因後，「媽媽覺得最有意思的是這個部分……」**父母也不妨說出自己的意見及原因。依循孩子→父母的發表順序，孩子就不容易受父母意見的影響。**不過，當孩子遲遲無法作出選擇，或是說不太出來時，父母可以先說：「媽媽覺得有一幕很有意思，因為……」然後問孩子：「你覺得哪一幕有意思？」孩子說出意見後，記得給予肯定及接納：「原來也有這樣的觀點，真有意思。」

我們家一起看完電影後，總是會討論「哪一幕最有意思」。即使是十五分鐘的電視節目，只要很感動，就會熱烈的討論。女兒選的是A，兒子是B，我則是C……通常大家的答案都不會一致。很多時候孩子選擇的是大人想都沒想到的部分，討論也成了一件開心的事。

等到討論形成習慣後，就能更了解孩子的感受傾向及成長軌跡，也是一件愉快的事。「你很喜歡主角流露體貼一面的情節呢，前陣子看的電影，你喜歡的也是很類似的場面」、「以前這樣的場面你會很害怕或哭出來，現在你會覺得很感動呢！」這類的觀察也可以告訴孩子。

如果可以，還可以問孩子：「**為什麼你會喜歡主角流露體貼一面的情節呢？**」、「**為什麼現在你看到同樣的畫面不會哭了呢？**」這都可以成為孩子對於自身感受及成長思考的絕佳機會。

接著，以下介紹有關電視或電影討論的模式。任何一個模式都可以套用在動畫等有故事性的電視、電影討論。

「多了解喜愛的出場人物」磨鍊理解及邏輯能力

思考為什麼那個角色會做那件事，愉快地分析角色。選擇孩子喜愛的角色（妖怪等謎樣的生命也包括在內），否則討論時可能很難熱烈起來。

這個對話模式，藉由五個提問成立，如果是有關角色A的討論，就是❶「A是什麼樣的人？什麼樣的個性？」→❷「發生了什麼事？」→❸「A的全貌是這樣嗎？」→❹「A出現的場面當中，最喜歡的是哪一幕？」→❺「為什麼A會做那件事呢？」

和孩子一起看電視或電影時，如果父母已經了解內容，可以不用再問❶和、❷，只需問❸、❹、❺。

❶「A是什麼樣的人？什麼樣的個性？」

首先詢問孩子喜愛的角色「是什麼樣的人？」、「什麼樣的個性？」不管是一句「他很溫柔」，或是「他跑得超快，之前比賽他還贏學長耶！還有……」長篇大論都沒關係。

❷「發生了什麼事？」

詢問「發生了什麼事？」就能大致了解這個角色在故事中做了些什麼，大致的情節如何。因為是孩子喜愛的角色，所以孩子應該可以知道很多，就讓孩子盡情地說明吧！彙整❶和❷的訊息，應該就可以大致了解這個角色的「全貌」。

❸「A的全貌是這樣嗎？」

這時父母要再一次根據彙整❶和❷而了解的內容，**向孩子確認是否符合「A的全貌」**（不必寫在紙上）。例如，向孩子確認：「A這個角色有點粗魯、是個貪吃鬼。個性體貼而且喜歡朋友，但是無法坦率說出自己的心情……是這樣嗎？」

到這個階段，對於該角色的「輪廓」應該就能大致清楚，等於做好分析角色的準備。接著就是針對最喜愛的場面，分析角色。

❹「A出現的場面當中，最喜歡的是哪一幕？」

問孩子：「A出現的場面中，你最喜歡的是哪一幕？」

假設孩子說：「A的朋友要搬到外國，A覺得非常難過，卻故意說：『我才不難過呢！』A沒有去為朋友送行，待在自己的房間裡，難過得大哭。」

❺「為什麼A會做那件事呢？」

針對孩子在❹選擇的場面，問他：「為什麼A會這麼做呢？」問這個問題時，**注意讓孩子從電視或電影的內容找出「證據」**。例如「為什麼A明明覺得很難過，卻沒有為朋友送行呢？」孩子如果回答「A無法坦率說出自己的心情」，這個答案就沒問題，因為符合在❸確認過的A全貌，可以視為證據。

如果沒有任何證據，憑自己的經驗或任意想像而回答，就不適當。如「因為送行太麻煩了」、「因為他沒有那麼喜歡朋友」等（根據A的全貌，「A很喜歡朋友」，所以這個看法缺乏證據）。這時候可以問孩子：「A是這樣的孩子嗎？好像跟剛剛聽到的不太一樣。為什麼A會這麼做，從故事裡應該有證據，那個證據是什麼呢？」

透過分析電影角色，擴大孩子的視野

事實上，這裡進行的和國語的閱讀測驗幾乎相同，不同的是把題材換成「電視、電影」，以及對於角色比一般閱讀測驗更深入理解。深入理解能力、「因為有X的證據所以得到Y的結論」像這樣判斷因果關係的能力，也就是「邏輯能力」，能夠藉由喜愛的電視及電影來養成。

讀小說時，能夠體驗自己無法體驗的人生，或是過去不曾有過的觀點。電視、電影也相同，**透過分析角色，能夠了解「原來有這樣的人」、「原來會有人這麼想」，能夠成為理解「他人」不同感受及生存方式的基礎。**

我們家經常分析故事中的角色，當孩子述說喜愛的人物時，看起來總是很開心，而且有時也會出現女兒說的「想法也更開闊了」的驚喜。

「找出引起結果的犯人」培養邏輯能力

這個模式只有在與孩子一起觀看電視或電影時運用。例如像以下的情節。小健和小拓是同班的死黨。有一天，他們班上來了一個轉學生。小健和聰明而且會踢足球的轉學生立刻成了好朋友，不再像以前那樣常和小拓一起玩。功課及運動都不太擅長的小拓，在轉學生面前抱著自卑感。就在這個時候，小拓被老師罵：「你要更用功一點才行！」而不知情的小健卻在隔天對小拓說：「你功課真的很差耶！」氣憤的小拓，因而揍了小健。

吵架的直接因素是小健的一句話，但引起吵架的背景因素，卻有轉學生、小拓的自卑感等各項因素。世界上所發生的事就像兩人的吵架般，交雜著許多因素。然而，**我們（不論大人或小孩）卻很容易把最接近事件前發生的事當作「唯一因素」**。而且，像動畫這樣的影像呈現，比書本更容易產生強烈的「流向」，原本依照A↓B↓C↓D的過程而展開的情節，ABC應該都是引起D的原因，卻容易給人「發生D都是因為C」的印象。

「為什麼會發生這麼大的爭吵？」、「只有這個原因嗎？」

動畫結束後，試著問孩子：「小健和小拓為什麼會發生爭吵呢？」如果孩子說：「因為小健批評小拓。」這時不妨說：「只有這個原因嗎？是不是還有其他原因呢？」設法促使孩子找出更多原因。透過這樣的提問，可以訓練孩子四種能力。一是**邏輯能力**，藉由徹底探究導致結果的原因，鍛鍊看穿因果關係的能力。二是**腦力激盪的能力**，思考「導致這個結果的因素，還有哪些呢？」可以養成多角度思考的能力。三是**深入理解內容的能力**，不是僅限於表面的理解，而是確實地深入故事的能力。

第四項則是**生存的能力**。從經驗中了解「導致事情的發生不會只有一個因素」，可以養成解決問題的態度。這對於未來必須面對更多問題的孩子而言，確實探究原因，應該能夠成為生存時極大的助力。

「預測故事的進展」培養想像力

歐美國家的國語教科書，課文時常故意把故事的「結局」抽掉，然後附上一個問題：「依照所讀的故事為基礎，想想看接下來的故事會怎樣？」

要解決這個問題，必須具備各種能力。除了閱讀的理解力，也要具備邏輯思考力，如：「登場人物的個性及身分是〇〇，之前的情節是△△，時代是××，地點是□□。所以，結局應該是這樣才對。」另外就是想像力。也就是運用孩子喜愛的故事題材，訓練理解力、邏輯力及想像力的結構。同樣的訓練在家庭也做得到。而且，可以利用孩子喜歡的電視或電影為題材。

只要能夠想像「故事接下來的進展」，任何題材都行，像是有續集的動畫，看到一半的DVD等。雖然形式上已經完成，但忍不住想推測接下來發展的電影等，親子一起觀賞時，不妨嘗試看看這樣的對話形式。

「接下來會怎麼樣？」、「為什麼？」

先問孩子「接下來會怎麼樣？」如果孩子回答：「小健和小拓會和好。」就繼續問：「為什麼？」孩子如果是根據之前的情節而說出理由（例如「因為小健和小拓都很喜歡彼此」），答案就算過關。如果孩子說的完全和前面的情節無關（例如「因為魔法師來了，讓他們兩個和好」或是「他們兩個沒有和好，故事就沒辦法繼續下去了」），就當作沒過關（雖然我個人也很喜歡這類超現實的答案）。對於沒過關的答案，可以表現出驚訝的反應：「咦？什麼？有可能嗎？」或是給予提示：「那個主角是不是會更體貼一些啊？」

孩子有時會說出大人完全意想不到的「進展」，不過，只要是基於先前的情節基礎及設定而想出來的「進展」，**不論多麼天馬行空，都請你給予肯定及接納。就算內容殘酷，總之先接納意見，然後詢問：「原來如此。……對了，你真的覺得這麼發展好嗎？」**

因為想讓孩子進行邏輯性的思考，所以對孩子說：「剛剛的故事先別提了。」或是「你再重新想想看：主角是什麼性格？」這些話我不是很贊成。**這種過度教條式的做法，很可能會使孩子反感。父母只要讓孩子知道「完全無脈絡可循的任意想像不能過關」就夠了。**

如果是喜歡寫故事的孩子，不妨讓孩子實際寫看。只要有個三十分鐘，說不定就能寫出讓你驚訝的長篇故事。以前在我帶領的「思考班級」，只讓孩子觀看某部電影五分鐘，接著要孩子以邏輯想像寫下故事的發展。結果孩子寫下來的故事，有一篇是推理小說風格、一篇是科幻情節……真的相當豐富。大家都確實根據最初的五分鐘畫面所得到的訊息，發揮無限的想像。**孩子們唸出寫好的故事，讓他們唸出來，並且告訴他們感想。這麼做不但是肯定孩子們寫的故事是「作品」，父母也能從這個過程中得到愉悅。**

接下來，我介紹和前面旨趣稍有不同的「思考力訓練」方法，這裡不使用三步驟。

鍛鍊描述能力，從「孩子的興趣」開始

以向爺爺奶奶說明的模式進行

「向完全不了解電動玩具的爺爺奶奶，以明白易懂的方式，說明是什麼樣的遊戲」不是「爺爺奶奶」也沒關係，只要是對電玩不了解的人，「媽媽」也可以。不是直接看實體，思考能夠把喜歡的遊戲以明白易懂的方式，說明到什麼程度，能夠練習描述能力（也可以運用孩子喜歡的其他遊戲來代替電玩）。

描述能力是「明白易懂的說明能力」極為重要的一部分。而且，也是簡報能力必要的技巧。現在雖然已是大量使用照片或影像的時代，世界上的簡報專家，都能不依賴照片或影像，光憑語言說出關鍵重點。以言語巧妙描述，更能抓住聽眾的心。

描述能力是只運用語言，傳達「某一件事」讓聽眾能夠想像出來。讓對方覺得「我懂了，我能想像出大概的樣子」了。站在對方的立場思考是必備的能力。不過，即使要孩子「站在對方的立場思考」，孩子也未必了解，不妨要孩子以爺爺或媽媽等人，先選擇具體對象，再來思考如何描述。

為了要讓對方明白，有必要以對方容易了解的詞彙及順序說明。以詞彙來說，例如「闖關時要是失敗就會減命」這個說明方式是行不通的。如果是熟知電玩的孩子，「闖關」（電玩的場面）及「命」（有命才能玩遊戲）當然可以了解，但是爺爺奶奶則是一頭霧水。

描述順序要從「重要性高的訊息↓重要性低的訊息」說明。因為這個順序對方較容易想像。「重要性最高的訊息」來說，一開始是「定義」。例如，如果要描述「智慧型手機」，就從「附有上網功能的手機」開始說明。接著才說明第二重要的訊息、第三重要的訊息……等，依重要程度逐漸遞減。

「以一句話說明是什麼樣的遊戲」

孩子還小的時候，可以讓孩子以「什麼電玩？用一句話說說看」當題目，也很有效果。

藉由一句話說明，可以學會彙整訊息的能力，以及學會如何定義。

以前我曾要我兒子以一句話說明他最喜歡的電玩，結果他得意洋洋地說：「現在大受歡迎的電玩！」雖然非常籠統，但確實也算是定義。以下介紹的是我的孩子對「TsumTsum」這款遊戲的描述。孩子是以完全不懂電玩的奶奶為說明對象。

❶「TsumTsum」就是把三個以上的圓臉公仔連在一起，然後消除的遊戲。

❷裡面的公仔都是迪士尼的角色。全部共有六十種左右。

❸這個遊戲的最終目標，就是儘可能拿到最高分。

❹遊戲方法……各種公仔會隨機，就像把水桶的水倒出來一樣，總計五十個左右一口氣掉下來↓其中如果相鄰的有三個以上同種類的公仔，就用手指滑過去↓手指滑過公仔

就會消失，並且得到分數。

❺每一個公仔叫做「Tsum註」。

說明順序是：❶定義→❷定義的補充→❸目的→❹玩法→❺補充情報（這是因為猜測奶奶可能會問：「為什麼叫做『TsumTsum』？」而補充說明的情報）。電玩的描述像這樣的順序就沒問題。不過，**千萬不要告訴孩子：「先從定義開始，然後……」的順序，重要的是讓孩子想像解說對象，自行找出答案：「這麼說明奶奶應該會明白吧？」**

當然，光靠孩子一個人也無法立刻做到簡潔明瞭的描述，父母也要儘可能提問協助。提問的方法有兩個，一是照上述的❶～❺的順序，對照孩子實際的描述，當發現不同之處時指出：「咦？不說明遊戲方法沒關係嗎？」

另一個方法是以孩子的描述為基礎，**父母試著畫出「電玩圖」的做法。可以在腦海中想**

註：即日語的「積む」，意為「堆積、堆疊」。

像，或是一面聽孩子描述一面畫在紙上。如果能畫在紙上讓孩子看，核對自己的描述是否適當，孩子也更容易判斷，這是件很愉快的事喔。

我家兩個孩子對「TsumTsum」這款遊戲的描述，經過三十分左右的討論才終於形成結論。一開始他們本來定義為「消掉臉的遊戲」，但我指出：「突然說『消掉臉的遊戲』奶奶也聽不懂喔。奶奶搞不好會以為是沒有五官的妖怪遊戲。」

如果時間充分，也可以問孩子：「如果要讓奶奶覺得『我也好想玩這個遊戲』，該怎麼說明比較好。」讓孩子思考遊戲最有魅力的地方，以及覺得有魅力的原因。要領和「說說看印象最深刻的內容」相同。

教孩子表達重要的事，要「先說結論」

「下一次我們家政課要做收納包。所以今天我想了一下要怎麼設計。我很煩惱要用花朵圖案還是貓咪圖案，最後決定用貓咪。要繡在不織布上的。啊，不織布是黃色的，所以我覺得用綠色的線比較好……。所以我需要不織布。老師說下個星期前要把不織布帶到學校。」

像這樣的表達方式，你是否覺得很耳熟？覺得孩子只是閒聊而不在意地聽過就算了，最後突然來了一句「下個星期前要把不織布帶到學校」，冒出重要的聯絡事項。而且，究竟需要多大的不織布也沒說清楚。

雖然我很享受孩子告訴我當天發生了什麼事情。不過重要的事歸重要的事，閒聊歸閒聊，如果不區分開來，身為父母親的人，有時難免覺得困擾。

重要的訊息，也就是「結論」直到最後才說（或甚至不說），是日語的特色之一。如果只是閒聊，什麼時候做結論是當事人的自由。不過聯絡或報告重要事項時卻行不通。為了要讓對方確實知道「結論」，就必須一開始先說結論。因為你不知道對方什麼時候會突然離席，也不知道會不會中途離題。

我認為孩子最好從小就養成先說結論的訓練。**長年累月指導大學生及社會人士使我得知，「最後才講結論」的習慣，成年以後才要改成「先說結論」是件很痛苦的事。**因此，以下便介紹能夠樂在其中，養成先說結論的訓練方式。遊戲主題是「手機沒電了」。

情境設定是親子正在以手機通話。可以坐在桌子旁，也可以邊走路邊練習。實際上不需要打電話，不過，為了塑造「正在用手機講電話」的氣氛，最好拿著手機當道具，做出正在講電話的樣子。

接著，**讓孩子說出「一定要告訴父母的事情」。**問剛從學校回來的孩子：「學校老師有沒有交代『必須告訴家長的事情』？」如果孩子說有，就可以進行遊戲。「那麼，你可以假裝是打電話告訴我嗎？」遊戲就開始了。親子間的遊戲對話，大概是像這個樣子：

媽媽：「喂～」

孩子：「喂～是這樣的……」（父母在這時候打斷）

媽媽：「啊，抱歉！我的手機快沒電了，這樣沒辦法聽完你要說的話，先講最重要的事，用一句話講完，不快點的話，電話就會斷線了！」

這是給孩子一句話講完的限制，為了讓孩子可以迅速地講出結論，營造緊急的情境。全力演出「手機沒電了」的狀況，孩子也會跟著投入。

如果孩子無法立刻找出哪個部分是結論時，可以提問引導：「其他事先不管，哪一件事情是萬一沒告訴媽媽，後來會被老師罵，或是給誰造成麻煩，或是自己會很傷腦筋的呢？」如果覺得實際的聯絡事項太死板，也可以自行擬出假設的傳達事項。以前我常和女兒以下列的設定進行遊戲。

「下星期天晚上，我們要和奶奶一起去吃晚餐。我已經在A餐廳預約七點半。和奶奶約七點二十分在B車站的剪票口集合。奶奶不知道集合的地方和時間，也不知道要去哪一間餐廳。我們接下來要打電話給奶奶，不過，一打電話給奶奶，才發現手機快沒電了，所以只能用一句話把重要的事情講完，你會怎麼做？」

我一開始先提醒女兒：「絕對要告訴奶奶的事情是什麼？」、「只說集合的地點和時間就可以了嗎？想想看奶奶的心情，奶奶應該會想知道要去吃什麼料理吧？奶奶可能也會根據要去的餐廳，決定要穿什麼衣服喔。」女兒似乎也很喜歡這個遊戲。

養成比較的能力「這兩件東西，是什麼樣的同伴？」

最後要介紹的是適合短暫空閒的猜謎遊戲。「這兩件東西，是什麼樣的同伴？」杯子和椅子、鉛筆和糖果、兩個布偶……任何東西都可以，確認它們之間有沒有共通點。隨手有什麼就用什麼，用手指著看到的兩件東西，問孩子：「這兩件東西，是什麼樣的同伴？」這個猜謎遊戲的重點是：**找出乍看之下似乎完全無關的兩件物品，設法找出它們的共通點。並且，讓原本認定「共通點只有這一項」的思考擴展，讓思考更有彈性。**這也是一種腦力激盪，親子不妨儘可能一起找出共通點。

思考事物的不同處，能認識更多詞彙

例如「杯子和椅子」，可以列出「人使用的物品」、「買來的物品」、「每天都會用到的物品」、「高度大於寬度」、「這個家裡有的物品」。孩子想不太出來時，可以提醒：「應該還有喔，『這個家裡有的物品』，像這樣的答案也可以。」孩子就能安心的回答了。

比較數件物品找出共通點是一個重要的技能，也能培養分類能力，甚至在某些狀況下是一種「生存能力」。

不久前日本御嶽山爆發時，有一位奇蹟獲救的男性在受訪時說了一段話（用字遣詞可能有些不同，大致內容如下）：「我看到大量濃煙往下降，心想『這下子會沒辦法呼吸，太危險了』，這時突然想起雪崩的狀況。我曾聽說雪崩時，以雙手圍成碗的形狀蓋住嘴巴，讓自己有呼吸的空間。我心想火山爆發和雪崩相同，所以用手圈住蓋著嘴，所以才有辦法呼吸。」這位男性因為發現火山爆發和雪崩的共通點，而救了自己一命。

我家都是以這項猜謎或接龍打發空閒時間。孩子們也經常玩「這是什麼同伴」的遊戲。接龍雖然和思考力沒有直接關係，不過，**思考力的基礎是語言，所以用來訓練詞彙能力也非常好。孩子拚命想出所知的詞彙不但開心，也有機會接觸新的詞彙。**

以上介紹的是我家最推薦的「快樂思考法」，當然不是要各位從早到晚都進行這些遊戲。而是在有時間的時候，以輕鬆的心情，讓自己「樂在其中試試看」。我們無法在不愉快中得到真正的學習。這是我從事二十年以上的教師生涯以來獲得的信念。

激發孩子行動力，從「快樂思考」開始

「媽媽很討厭這樣。」

「做這種事很丟臉！」

這些都是父母告誡孩子時常說的話，各位是不是也覺得似乎在哪裡聽過？我就發現自己曾經這麼對孩子說過。以前我的父母對我說類似的話曾令我很不開心。「我受不了父母以自己的好惡來決定什麼可以做，什麼不能做。父母認為丟臉的事，我未必有同樣感覺。不要再任意要我接受你們的意見了⋯⋯。」我要是小孩大概會這麼反彈。

不過，現在不同了。父母為什麼認為「討厭這樣的行為」，為什麼父母會說這樣很丟臉。只要父母仔細思考過，好好地說明，孩子也一定會聽。不論父母或小孩，只要能夠多思考多交談，親子間的關係一定能夠更加和樂融融。

和孩子一起思考有什麼好處？理由實在太多了。最主要的好處，還是「可以感受到幸福」。**爆笑的意見、充滿體貼的意見、凸顯本質的意見、讓我覺察的提問、成人模仿不來的想像力。我始終認為：聽見孩子這些出色的思考是我的幸福。是任何事都無可匹敵的幸福。**

接下來就換各位上場了。何不和孩子盡情思考，彼此交談？能夠寫成本書，承蒙許多人的協助與理解，並給我許多提示。在這裡向支援本書寫作的各位表示衷心的感謝，同時，也謝謝在笑聲中一起渡過思考時間的同學以及我的孩子，能與你們相遇實在太好了，真的謝謝你們。

狩野未希

family field 親子田　親子田系列 019

這樣問話，教出會思考的孩子

「自分で考える力」が育つ親子の対話術

作　　　者　狩野未希
譯　　　者　卓惠娟
主　　　編　陳鳳如
封 面 設 計　萬亞雰
內 文 排 版　菩薩蠻數位文化有限公司

出 版 發 行　采實文化事業股份有限公司
童 書 行 銷　張惠屏・侯宜廷・張怡潔
業 務 發 行　張世明・林踏欣・林坤蓉・王貞玉
國 際 版 權　施維真・劉靜茹
印 務 採 購　曾玉霞
會 計 行 政　許俽瑀・李韶婉・張婕莛
法 律 顧 問　第一國際法律事務所　余淑杏律師
電 子 信 箱　acme@acmebook.com.tw
采 實 官 網　www.acmebook.com.tw
采 實 臉 書　www.facebook.com/acmebook01
采實童書粉絲團　https://www.facebook.com/acmestor

I S B N　978-986-93181-2-9
定　　　價　320 元
初 版 一 刷　2016 年 7 月
劃 撥 帳 號　50148859
劃 撥 戶 名　采實文化事業有限公司
104 台北市中山區建國北路二段 92 號 9 樓
電話：02-2518-5198　傳真：02-2518-2098

線上讀者回函

立即掃描 QR Code 或輸入下方網址，連結采實文化線上讀者回函，未來會不定期寄送書訊、活動消息，並有機會免費參加抽獎活動。

https://bit.ly/37oKZEa

國家圖書館出版品預行編目 (CIP) 資料

這樣問話，教出會思考的孩子 / 狩野未希著；卓惠娟譯 . -- 初版 . -- 臺北市 : 采實文化 , 2016.07
面；　公分 . -- (親子田系列 ; 19)
譯自 :「自分で考える力」が育つ親子の対話術
ISBN 978-986-93181-2-9 (平裝)

1. 親子溝通 2. 親子關係 3. 思考

528.2　　105008535

JIBUN DE KANGAERU CHIKARA GA SODATSU OYAKO NO TAIWA JUTSU

Originally published in Japan in 2015 by Asahi Shimbun Publications Inc.
Complex Chinese translation rights arranged with Asahi Shimbun Publications Inc. through TOHAN CORPORATION, TOKYO. and Keio Cultural Enterprise Co., Ltd.

采實出版集團 ACME PUBLISHING GROUP

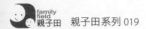